Jan Assmann
Das Oratorium Israel in Egypt
von Georg Friedrich Händel

bibel & musik

Jan Assmann

Das Oratorium Israel in Egypt
von Georg Friedrich Händel

In der Reihe bibel & musik
des Verlags Katholisches Bibelwerk sind bereits erschienen:

Michael Theobald / Wolfgang Bretschneider
Das Paulus-Oratorium
von Felix Mendelssohn Bartholdy
214 Seiten, gebunden mit Leseband
ISBN 978-3-460-08601-2

Meinrad Walter
"Erschallet, ihr Lieder, erklinget, ihr Saiten!"
Johann Sebastian Bachs musikalisch-lutherische Bibelauslegung im Kirchenjahr
256 Seiten, gebunden mit Leseband
ISBN 978-3-460-08602-9

Beate Kowalski / Michaela C. Hastetter
Die Johannespassion von Arvo Pärt
192 Seiten, gebunden mit Leseband
ISBN 978-3-460-08603-6

© 2015 Verlag Katholisches Bibelwerk GmbH, Stuttgart
Alle Rechte vorbehalten

Für die Texte der Einheitsübersetzung der Heiligen Schrift
© 1980 Katholische Bibelanstalt GmbH, Stuttgart

Gesamtgestaltung: Finken & Bumiller, Stuttgart
Umschlagmotive: Georg Friedrich Händel,
Porträt von Philippe Mercier (1689–1760), © akg-images (oben),
„Der Auszug der Israeliten aus Ägypten" (1828)
von David Roberts (1796–1864), Wikimedia Commons (unten)
Herstellung: Finidr s.r.o., Český Těšín
Printed in the Czech Republic

www.bibelwerk-impuls.de
ISBN 978-3-460-08604-3

Für Peter Gülke

Vorwort zur Reihe bibel & musik 8
Vorwort des Autors 9

I. Das Oratorium Israel in Egypt
von Georg Friedrich Händel 11
   Einführung 11
   Entstehungsgeschichte 23
   Erster Teil: Lamentation of the Israelites
   about the death of Joseph 41
   Zweiter Teil: Exodus 76
   Dritter Teil: Moses' Song 117
   Einlagearien für spätere Aufführungen 157
   Rezeptionsgeschichte 176
   Händels Montagetechnik 191
   Händel und das Erhabene 204

II. Die biblische Grundlage 215
   Die Exodus-Erzählung in der Tora 219
   Die Exodus-Erinnerung in den Psalmen 230
   Die Pessach-Haggada 239

III. Der Text 247

   Anmerkungen 266
   Zeittafel 283

   Anhang 291
   Literatur 291
   CD-Einspielungen 298
   Nachweise Notenbeispiele 300
   Zur Person des Autors 303

bibel & musik
im Verlag Katholisches Bibelwerk

Die Bibel mit ihrem Reichtum an Erzählungen, Bildern und tiefgründigen Gedanken ist und wirkt bis zum heutigen Tag auch Kultur prägend. Dieses Wissen um ihre gestaltende Kraft und um die Einordnung großer kultureller Leistungen geht zunehmend verloren oder ist schon gar nicht mehr vorhanden. Hinzu kommt, dass die Kirche mit ihren Lebens- und Glaubensvollzügen erheblich an Akzeptanz eingebüßt hat. Viele Menschen ziehen es selbst in geprägten Zeiten vor, statt Gottesdienste kirchenmusikalische Veranstaltungen zu besuchen. Diese Aufführungen werden nicht selten zu einem spirituellen Erlebnis. Die werkbezogene Reihe bibel & musik setzt sich zum Ziel, das Gehörte wissensmäßig zu vertiefen und das jeweilige biblische Fundament herauszuarbeiten. Die legendäre Frage an den Äthiopier, die Philippus in der Apostelgeschichte stellt, kann in diesem Kontext leicht abgewandelt werden: Verstehst du auch, was du hörst?

DIE HERAUSGEBER:
MICHAEL THEOBALD UND
WOLFGANG BRETSCHNEIDER

Vorwort

Dieses Buch entstand neben meiner Arbeit über das biblische Buch Exodus, das Anfang 2015 unter dem Titel *Exodus. Die Revolution der Alten Welt* im Verlag C. H. Beck, München, erschienen ist, und wurde angeregt durch das Buch *Das Paulus-Oratorium von Felix Mendelssohn Bartholdy* von Michael Theobald und Wolfgang Bretschneider (Verlag Katholisches Bibelwerk, Stuttgart 2012). Ich danke Michael Theobald, der mir sein Buch gleich nach Erscheinen zuschickte, für diese Anregung und für die Aufnahme meines Manuskripts in die von ihm und W. Bretschneider herausgegebene Reihe bibel & musik.

Herrn Dr. Ulrich Sander danke ich für die sorgfältige und geduldige lektoriale Betreuung meines über Gebühr anwachsenden Manuskripts und Herrn Matthias Bumiller für die ausgezeichnete grafische Gestaltung.

Das Buch widme ich meinem Freunde Peter Gülke, der mir ein unerreichbares Vorbild ist in der schwierigen Kunst der Übersetzung von Musik in beschreibende Sprache.

KONSTANZ, IM JULI 2015
JAN ASSMANN

1. Das Oratorium Israel in Egypt von Georg Friedrich Händel

Einführung

Israel in Egypt ist das einzige Oratorium in Händels Werk, das keine Person, sondern ein Volk zum Protagonisten hat. Dementsprechend hat Händel es als ein Chor-Oratorium konzipiert, ein Werk also, das weitestgehend aus Chören und vor allem aus Doppel-Chören besteht. Nach den beiden auf Tragödien von Racine basierenden Oratorien *Esther* (1718/32) und *Athalia* (1733), dem nach deren Vorbild entworfenen Oratorium *Deborah* (1734) und dem auf einem Libretto von Charles Jennens beruhenden Oratorium *Saul* (1738/39), das ebenfalls eher als eine geistliche Oper oder „sacred drama" zu verstehen ist, folgt *Israel in Egypt* einem Modell, das sich so weit wie irgend möglich von der Opernform entfernt, nämlich der rein geistlichen und typisch englischen Form des „Anthem", der Psalm-Motette. *Esther, Deborah, Athalia, Saul*, das sind Oratorien, die man unter anderen Umständen auch als Opern hätte aufführen können; mit *Israel in Egypt* strebte Händel aber offenbar eine vollkommen

Louis-François Roubiliac (1695–1762), George Frederick Handel, Marmor. Victoria and Albert Museum London.

neue, genuin oratorische Form an, die sich einer szenischen Aufführung kategorisch verweigert. Noch hatte Händel seine Produktion nicht endgültig von der italienischen Oper auf das englische Oratorium, seine ureigene Schöpfung, umgestellt, noch befand er sich in einer Phase des Suchens und Experimentierens. *Israel in Egypt* ist sein kühnstes Experiment in dieser neuen Richtung, und es ist beim Publikum nicht angekommen, ja Händel selbst hat es als gescheitert betrachtet, weil er die ungewöhnliche Form in späteren Aufführungen durch eingefügte Arien veränderte und in seinen weiteren Oratorien nie wieder auf diese Form zurückgekommen ist. Anders als Bach, der in seinen Kompositionen ständig neue Wege beschritt, war Händel eigentlich kein Experimentator, sondern bewegte sich, ähnlich wie Mozart, in den Formen der Konvention, die er mit Genie und Erfindungsreichtum auf bislang unbekannte Höhen führte. Das hing auch mit seiner besonderen ökonomischen und gesellschaftlichen Situation zusammen. Händel bezog zwar vom englischen Hof ein durchaus beachtliches Gehalt (600 Pfund im Jahr), führte aber das Leben eines weitgehend freien Künstlers und Unternehmers, der nicht auf Bestellung, sondern auf Absatz arbeitete und daher auf das Londoner Publikum angewiesen war. Dessen Erwartungen und Hörgewohnheiten konnte er nicht ungestraft brüskieren. Für die neue Gattung des englischen Oratoriums musste aber eine Konvention erst gefunden und entwickelt werden. *Israel in Egypt* ist ein kühner Schritt auf einem Weg, den er später nie wieder beschritten hat.

𝄢 Obwohl Georg Friedrich Händels geistliches Werk mit seinen Oratorien, Anthems und geistlichen Kantaten vom

Umfang her an das Johann Sebastian Bachs fast heranreichen dürfte, würde niemand auf den Gedanken kommen, ihn – wie Bach – einen „fünften Evangelisten" zu nennen. Händel war Musikdramatiker, Opernkomponist und blieb dies auch – mit Ausnahme von *Israel in Egypt* – in seinen Oratorien. Er war kein Verkünder wie Bach, sondern ein Verführer, Seelenbezwinger wie Orpheus, mit dem er ständig verglichen wurde, ein Vergleich, der wiederum in Bezug auf Bach niemandem je in den Sinn gekommen ist.

𝄢 Wenn man das Oratorium *Israel in Egypt* in seiner experimentellen Kühnheit und Neuartigkeit verstehen will, muss man sich einen Eindruck verschaffen von der Lebenssituation, in der es entstanden ist, vor allem aber auch von der Eigenständigkeit und Eigenwilligkeit von Händels legenden- und anekdotenumrankter Persönlichkeit, der wohl als der zugleich unabhängigste und erfolgreichste Musiker seiner Zeit, wenn nicht überhaupt bis weit ins 19. Jahrhundert hinein gelten kann. Lange vor dem Geniekult des späten 18. Jahrhunderts wurde Händel als *ingegno sublime*, „erhabenes Genie", gefeiert, lange vor dem andachtsvollen Schweigen, das sich mit dem 19. Jahrhundert in den Konzertsälen und Opernhäusern durchsetzte, konnte man, wenn Händel seine Musik vom Cembalo aus dirigierte, eine Stecknadel fallen hören, und wer es wagte, diese Stille zu brechen, und sei es der König selbst, konnte sich eines Zornausbruchs des Maestro gewiss sein, und die Vergötterung, die Mozart, Bach und Beethoven nach deren Tod zuteil wurde, hatte er schon zu Lebzeiten erfahren. Händel lebte seiner Kunst, und er hat das unbestreitbare Verdienst, die Musik, die bis dahin hinter den anderen Künsten, Poesie, Malerei, Skulptur, Architektur, die sich an antiken Vorbildern orientieren und abarbeiten konnten, weit zurückstand, überhaupt erst in den Rang einer hohen Kunst erhoben zu haben, was sich in seiner schon früh einsetzenden Kanonisierung ausdrückte.[1] „Den Vorrang, der Shakespeare gebührt in der Kraft der Poesie, Michelangelo in Skulptur und Malerei, darf Händel beanspruchen in der Schwesterkunst: ihm gehört die Majestät der Musik. Händels Verdienst ist unbegrenzt, es ist von universalem Zuschnitt, sodass man ihn den großen Musiker der Natur nennen könnte", schrieb William Coxe in seinen *Anecdotes of Handel*.[2] Er ist wohl der erste Künstler überhaupt, dem man schon zu Lebzeiten ein bedeutendes Denkmal gesetzt hat, der erste Musiker, von dem bereits kurz nach seinem Tod eine Biographie erschien und der in der Westminster Abbey, dem englischen Nationalpantheon, ein prächtiges Grabmal erhielt. Die lebensgroße Marmorstatue, geschaffen von Louis-François Roubiliac, dem berühmtesten Porträtbildhauer im England der damaligen Zeit, ließ der Unternehmer Jonathan Tyers im Jahre 1738 – dem Entstehungsjahr von *Israel in Egypt* – in Vauxhall Gardens aufstellen. Sie stellt Händel in häuslicher Tracht, ohne Perücke und in entspannter Haltung dar, und wurde doch von den Zeitgenossen als Darstellung von Apollo oder als Orpheus gedeutet, dem göttlichen Sänger, der mit seiner Musik die Mächte des Totenreichs bezwang, also eine Apotheose. „On convient qu'il est l'Orphée de son siècle", schrieb Antoine-François Prévost d'Exiles im Mai 1735.[3]

EINFÜHRUNG

Die schon erwähnte Biographie erschien bereits ein Jahr nach seinem Tod und stammte aus der Feder des jungen John Mainwaring, der sich auf persönliche Gespräche mit Händel stützen konnte.[4] Es handelt sich um die erste Biographie eines Komponisten überhaupt, die dann Vorbild wurde für Forkels Bach- und Niemetscheks Mozart-Biographie. Damit war für die Musik der Schritt getan, den Vasari Jahrhunderte vorher für die bildenden Künste getan hatte.

𝄢 Händel war Ende 1710 vom Kurfürsten Georg Ludwig von Hannover-Braunschweig-Lüneburg (bei dem er im Juni als Kapellmeister in Dienst getreten war und der dann 1714 als Georg I. die Thronfolge in England antrat) nach London beurlaubt worden und ist dort (mit kleineren Unterbrechungen) bis zu seinem Tod 1759 geblieben. Er wurde schnell berühmt und zu einer festen, aus dem Londoner kulturellen Leben gar nicht mehr wegzudenkenden Institution. 1727 nahm er die englische Staatsbürgerschaft an und nannte sich von da an George Frideric Handel. Händel war ein Europäer, sprach vier Sprachen (Deutsch, Italienisch, Französisch, Englisch) fließend und durcheinander, wobei sich die Zeitgenossen über seinen starken deutschen, genauer: sächsischen Akzent im Englischen mokierten, was in zahlreichen Anekdoten von nicht ganz einwandfreiem historischem Wert überliefert ist. Vermutlich hat Händel diesen Akzent kultiviert, er war in England Teil seines Persönlichkeitsbildes geworden. Auch als Musiker war Händel Europäer: In seinen italienischen Jahren hat er sich die melodische Eleganz und das Feuer des italienischen Stils in vollendeter Weise angeeignet, die rhythmisch-tänzerische

Prägnanz und das tragische Pathos der Franzosen spielt in seinen Werken eine große Rolle, die handwerkliche Substanz seiner deutschen Lehrjahre gibt seiner Musik bis zuletzt Kraft und Tiefe, und dem englischen Stil hat er, vor allem auf Henry Purcell aufbauend, gerade in seinen geistlichen Werken ein unverkennbares, glanzvolles Profil gegeben.

♪: Von Händel gibt es erstaunlich viele Porträts, darunter manche von erster Qualität (während von Bach nur ein einziges authentisches Porträt, das 1748 entstandene Bild von Elias Gottlob Haußmann, existiert). Es gibt aber auch zwei musikalische Selbstporträts. Das eine entwirft Händel im dritten Akt seines Oratoriums *Solomon*. Hier lässt er den König Salomo als Komponisten und Kapellmeister auftreten, um die Königin von Saba mit einem Konzert zu ehren. Nichts in der biblischen Vorlage gibt zu diesem Auftritt Anlass. Salomo ist als Bauherr des Tempels, enzyklopädisch gebildeter Weiser, Dichter des Hohenlieds berühmt, aber nicht als Maestro: Diese Idee geht eindeutig auf Händel zurück, der im Verbund mit seinem unbekannten Librettisten hier eine Gelegenheit sah, in der Gestalt des Königs Salomo seine eigene Macht als Herrscher über die Seelen und ihre Empfindungen (*passions*) darzustellen.

♪: „Streicht die Saiten", so lässt er König Salomo seine Musiker auffordern, „um jede Leidenschaft mit der entsprechenden Melodie zu erregen" (*rouse each passion with th'alternate air*). Wohlgemerkt: es geht um „Erregung", nicht „Ausdruck" oder „Abbildung". Im Folgenden wird das an vier Beispielen vorgeführt: Zuerst erklingt in G-Dur eine pastorale Musik, die mit ihrem „lulling sound" die Hörer zur Ruhe bringen soll, dann in schärfstem Kontrast eine martialische Sinfonia in D-Dur mit Pauken und Trompeten, um „uns zu Kriegstaten, klirrenden Waffen und wiehernden Pferden aufzustacheln" (*rouse us next to martial deeds, clanking arms and neighing steeds*), als Drittes wird ein Lamento in g-Moll angestimmt, das die Tränen hoffnungsloser Liebe hervorlocken soll (*draw the tears from hopeless love*), „voll von Tod und wilder Verzweiflung" (*full of death and wild despair*), und zum Abschluss versetzt eine Musik des Friedens in Es-Dur „die aufgewühlte Seele wieder in Friedensstimmung" (*next the troubled soul release and the mind restore to peace*). Auch der innere Frieden gehört zu den Gefühlen, die Musik erzeugen kann. Sie vermag nicht nur die Leidenschaften zu erregen (*to rouse the passions*), sondern im Gegenteil die aufgewühlte Seele mit Frieden zu füllen.

𝄢 In einem ähnlichen Sinne als Selbstporträt ist die Rolle des legendären Sängers Timotheos zu verstehen, der Alexander den Großen bei der Siegesfeier durch seine musikalischen Darbietungen in wechselnde Stimmungen versetzt. In seiner Ode *Alexander's Feast* (1736) hat sich Händel in dieser Rolle selbst gezeichnet und seine musikalischen Möglichkeiten vorgeführt, „die Leidenschaften zu erregen". Tatsächlich war seitdem „Timotheus" im Freundeskreis ein Spitzname für Händel. Hier wechseln religiöse Ergriffenheit über Alexanders Göttlichkeit, Alexanders siegesberauschter Stolz, sein Mitleid über den gefallenen Darius, seine verliebten Empfindungen für die schöne Thaïs, der martialische Trommelklang, der ihn aus seiner Liebestrance herausreißt und der Schauer bei der Geistererscheinung der gefallenen Griechen miteinander ab. Auch hier führt Händel alle seine Mittel vor, die Leidenschaften der Seele auszudrücken, darzustellen und zu erregen.

𝄢 So hat sich Händel gesehen: Er verstand sich ganz offenkundig als ein Meister der Darstellung und Erzeugung von Gefühlen im Medium der Musik und sah darin ihre vornehmste Macht und Aufgabe. Die Macht der Musik: das ist für Händel die Macht, Gefühle auszudrücken und im Zuhörer zu erregen. Händel hat die Gefühle, die er mit seiner Musik erregen wollte, beim Komponieren auch selbst durchlitten. Zuweilen fand ihn sein Diener, so wird überliefert, wenn er ihm die morgendliche Schokolade brachte, in Tränen über einer Partitur, zum Beispiel bei der Arie „He was despised" aus dem *Messiah*. Daraus spricht auch, dass er in einem ekstatischen Zustand komponierte, wie im Rausch, was auch seine Handschrift zeigt, die dem Zustrom der Gedanken kaum folgen konnte.

Händel war ein Original und eine in jeder Hinsicht starke Persönlichkeit; er wird als witzig, geistreich, humorvoll, gütig, großzügig, ungeduldig, aufbrausend und vollkommen unbekümmert um gesellschaftliche Konventionen beschrieben, beseelt von einem unbändigen Drang nach Unabhängigkeit, der ihn nie eine Ehe eingehen und eine feste Stelle annehmen ließ, was beides ihn seiner vermutlichen Vorstellung nach in seiner künstlerischen Freiheit eingeengt hätte. Immerhin lebte er aber in dem Haus, das er 1723 mietete und bis zu seinem Tod bewohnte, nicht als Einsiedler, sondern in einer Wohn- und Produktionsgemeinschaft zusammen mit der Familie seines Bratschisten und Kopisten Johann Christoph Schmidt (John Christopher

Smith sen.), dessen ältestem Sohn gleichen Namens er Unterricht in Klavier und Komposition gab, und seinem Koch und Bassisten Gustavus Waltz. John Christopher Smith jr. wurde dann auch sein engster Mitarbeiter und Nachfolger, der nach Händels Erblindung die Aufführungen leitete, den musikalischen Nachlass verwaltete und bis in die 1790er Jahre Händels Werke aufführte. Händels Unabhängigkeitsdrang war es vermutlich auch, der ihn 1733 den Titel eines Doctor of Music ablehnen ließ, den ihm die Universität Oxford verleihen wollte. Er bedankte sich zwar höflich mit einer Woche voller Konzerte und dem neuen Oratorium *Athalia*, wollte sich aber nicht darüber hinaus binden und verpflichten.

𝄢 Mit seinen Einkünften als freier Unternehmer und Hofmusikmeister hätte sich Händel den Lebensstil eines Landedelmanns leisten können. Daran war er jedoch nicht interessiert, sondern führte ein ganz der Musik gewidmetes Leben. Den einzigen aristokratischen Luxus, den er sich leistete, bildete eine durchaus beachtliche Gemäldesammlung. Das Einzige, was ihn gelegentlich vom Komponieren ablenken konnte, waren Tafelfreuden, denen er mit zunehmendem Alter zunehmend frönte. Als Musiker konnte er in seiner Unbekümmertheit um gesellschaftliche Konventionen oft grob werden; vielleicht trifft die Bezeichnung „the charming brute", mit der Joseph Goupy eine ziemlich geschmack- und gnadenlose Karikatur Händels betitelte, gar nicht so sehr daneben.[5] Immerhin ist das Beiwort „charming" ernst zu nehmen; Händels Charme verwirklichte sich offenbar nicht nur in der bezaubernden Wirkung seiner Musik, sondern auch in der besonderen

Ausstrahlung seiner Persönlichkeit, seinem Humor, seinem Erzähltalent, seiner unerschöpflichen musikalischen Improvisationsgabe, was sich durch seine Musik und die vielen mit seinem Leben verbundenen Anekdoten bis heute auswirkt, denn die Beziehung der weltweiten „Handelians" zu ihrem Lieblingskomponisten hat eine besonders innige Qualität, die den zahllosen Bach- und Wagnervereinen abgeht. In Händels Musik mit ihrem improvisatorischen Einfallsreichtum und ihrer tänzerischen Körperlichkeit scheint sich auch etwas vom Zauber seiner besonderen Persönlichkeit zu übertragen. Im Übrigen bescheinigte ihm König Georg III. eine vollendete Höflichkeit, und ohne diese Verbindung von künstlerischem Selbstbewusstsein und ausgezeichneten Umgangsformen wäre sein Erfolg in den Kreisen der italienischen, deutschen und englischen Hocharistokratie undenkbar.

☧ Händel war bei all seiner Weltläufigkeit ein gebildeter und engagierter Christ, er stammte mütterlicherseits aus einer alten Pastoren- und Theologenfamilie, kannte seine Bibel, pflegte die Texte für seine Psalmvertonungen (Anthems) selbst zusammenzustellen, besuchte in seinen letzten Jahren täglich, zuweilen sogar zweimal, die Kirche seines Sprengels und seines Namenspatrons St. George, wo ihn manche hingebungsvoll beten gesehen haben, und pflegte genau wie Bach viele seiner Partituren (wenn auch gerade nicht die von *Israel in Egypt*, aber z.B. die des *Funeral Anthem*[6]) mit „SDG" (Soli Deo Gloria) zu signieren. „Seine Schreibweise", schrieb William Coxe, einer seiner Biographen, „ist erhaben, beseelt, bewegend und ganz, ohne den Trübsinn des Aberglaubens, dem Dienst Gottes gewidmet."

EINFÜHRUNG

Anders als für Bach aber war seine geistliche Heimat eher das Alte als das Neue Testament. Natürlich hängt diese Vorliebe mit seiner englischen Akkulturation zusammen. Das England des 17. und 18. Jahrhunderts identifizierte sich mit dem Volk Israel, hielt sich für das auserwählte Volk, spiegelte sich und die Wechselfälle seiner Geschichte in den biblischen Geschichten, was man schon an der Vorliebe für alttestamentliche Vornamen wie Caleb, Aaron, Joshua, Samuel usw. ablesen kann. Darauf wird noch genauer einzugehen sein.

Händel war eine eindrucksvolle Erscheinung.[7] In jüngeren Jahren muss er auffallend gut ausgesehen haben, hoch gewachsen, mit klaren Gesichtszügen, aus denen ein hohes künstlerisches Selbstbewusstsein, Offenheit, Aufrichtigkeit, Großzügigkeit und Geist sprechen. Später wurde er immer korpulenter, seine Leibesfülle trug ihm Beinamen wie „man mountain" oder „der große Bär" ein. Aber auch wenn Händel sich im Alter ungeschickt und schwankend bewegte, war seine Haltung doch „voller Feuer und Würde, mit einer Ausstrahlung von Überlegenheit und Genie" („full of fire and dignity, and such as impressed ideas of superiority and genius", Charles Burney). Im Allgemeinen – schreibt Burney, und so stellen es auch viele Porträts dar – „war sein Gesichtsausdruck ernst und mürrisch (heavy and sour), aber wenn er lächelte war es wie wenn die Sonne aus schwarzen Wolken bricht. Da blitzten Geist, Witz und gute Laune in seinen Zügen auf, wie ich es kaum je bei einem anderen gesehen habe" („There was a sudden flash of intelligence, wit, and good humour, beaming in his countenance, which I hardly ever saw in any other", Charles Burney). Burney überliefert auch die hübsche Beobachtung, dass Händels große weiße Allonge-Perücke zu vibrieren pflegte, wenn die Musik gut lief; blieb dies Vibrieren aus, war es ein sicheres Zeichen für Händels Unzufriedenheit.[8]

℣: Händel starb als ein reicher Mann. So wenig wir über sein Privatleben wissen, so gut sind wir über seine finanziellen Verhältnisse unterrichtet, weil sich seine Kontoauszüge bei der Bank of England erhalten haben. Er pflegte seine Einkünfte in Aktien anzulegen, und auch wenn er bei dem zweimaligen Bankrott seines Unternehmens auf sein Privatvermögen zurückgreifen musste, füllten sich seine Rücklagen jeweils so gut wieder auf, dass er neben seinen mannigfachen wohltätigen Zuwendungen noch ein Vermögen von 20 000 Pfund, nach heutigem Wert mehreren Millionen, hinterlassen konnte. Auch dies lässt auf die konzentrierte Bescheidenheit seines Lebensstils schließen.

℣: Jedes noch so kurze Porträt von Händel wäre unvollständig ohne den Hinweis auf seine ungewöhnliche Wohltätigkeit. Er unterstützte eine Stiftung für Findelkinder mit 500 Pfund, auf die der König noch einmal 2000 drauflegte, wurde zum „governor" des Foundling Hospital, stiftete eine Orgel, richtete die Sitte ein, jährlich zugunsten der Stiftung den *Messiah* aufzuführen und bedachte sie alles in allem mit Geldzuwendungen in (nach heutigen Maßstäben) Millionenhöhe. Er war Mitbegründer einer Stiftung für verarmte Musiker und ihre Familien, der er in seinem Testament ein Legat von 1000 Pfund vermachte. Die Einnahmen der Dubliner Premiere seines *Messiah* stiftete er drei Wohltätigkeitsorganisationen. Er sorgte für seine Mutter bis zu deren Tod und unterstützte die Witwe seines Lehrers Zachow und deren Sohn. „Grandeur and benevolence", schrieb William Coxe, „waren die hervorstechendsten Züge seines Charakters."[9]

Entstehungsgeschichte

Die Entstehungsgeschichte des Oratoriums *Israel in Egypt* und seine Bedeutung in Händels Werk lässt sich nur im größeren biographischen Kontext der Londoner Jahre ab 1720 verstehen, in denen sich Händel als Unternehmer, Intendant und Komponist ganz der italienischen Oper widmete, zweimal mit seinem Unternehmen Konkurs machte, sich starken, nervenaufreibenden Anfeindungen ausgesetzt sah und zuletzt auch gesundheitlich einen schweren Zusammenbruch erlitt. Mit dieser schweren, durchaus lebensbedrohenden Krise steht Händels Wandlung vom Komponisten italienischer Opern, die ihn berühmt machten, zum Erfinder des englischen Oratoriums, das ihn unsterblich machte, in nicht nur zeitlichem Zusammenhang. Während seine Opern ab den 1740er Jahren in Vergessenheit gerieten, blieben viele seiner Oratorien über seinen Tod hinaus ununterbrochen im Repertoire. *Israel in Egypt* stellt in dieser Geschichte einen besonderen Markstein dar. Daher lohnt es sich, mit einem biographischen Rückblick auf diese Jahre zu beginnen. Es gilt, die Gründe dieser schweren Lebenskrise zu begreifen, ebenso wie die Rolle, die Händels Schöpfung des englischen Oratoriums bei deren Überwindung spielte.

𝄢 Als Händel 1710, mit 25 Jahren, als Kapellmeister in Hannoverschen Diensten nach London kam, war ihm der Ruhm seiner italienischen Erfolge, insbesondere der Oper *Agrippina* (Venedig 1709), schon dorthin vorausgeeilt. Seine in zwei Wochen entstandene Oper *Rinaldo* machte in London Sensation. In den folgenden Jahren brachte er *Teseo*, *Il Pastor Fido* (1712) und *Amadigi* (1715) heraus, lebte aber als Artist in Residence (wie schon in Rom) auf den Schlössern seiner adligen Mäzene und war am Hof (sein Dienstherr wurde 1714 als Georg I. König von England) als Musiklehrer der Prinzessinnen mit großzügigem Gehalt angestellt.

𝄢 1719/20 nahm sein Schicksal eine entscheidende Wendung mit der Gründung der „Royal Academy of Music", einer Aktiengesellschaft, die es sich zur Aufgabe gemacht hatte, die italienische Oper in London zu etablieren. Händel wurde als Kapellmeister und Hauskomponist angestellt und zunächst auf den Kontinent ausgeschickt, um geeignete Sänger und Sängerinnen anzuwerben. Am 2. April 1720 eröffnete die Academy ihre erste Saison mit Giovanni Portas Oper *Numitore*. Am 27. April folgte dann Händels Oper *Radamisto*, die es auf neun Wiederholungen brachte.

𝄢 Nachdem es die Academy aber für gut befunden hatte, Händel den berühmten Giovanni Bononcini als weiteren Hauskomponisten zur Seite zu stellen, standen die nächsten Jahre im Zeichen eines Konkurrenzkampfes, den Händel erst in der vierten Saison mit seiner Oper *Ottone* (1723) und in den folgenden beiden Spielzeiten mit dem Dreigestirn alles überragender, heute wieder auf vielen Bühnen gespielter Meisterwerke endgültig für sich entscheiden konnte: *Giulio Cesare in Egitto, Tamerlano* (1724) und *Rodelinda* (1725). Allerdings konnte Händel diesen Sieg nicht lange genießen. Als die Royal Academy of Music 1726 zu ihren Stars Senesino (Francesco Bernardi) und Francesca Cuzzoni auch noch Faustina Burdoni engagierte, kam es zu einer Rivalität zwischen den beiden Primadonnen, die im Juni 1727 in einer Saalschlacht zwischen deren jeweiligen Anhängern und einem Handgemenge der beiden „rival queens" kulminierte, und 1728 zum Konkurs des Unternehmens führte, das die Gagen der italienischen Stars (von je 2000 Pfund pro Saison) nicht mehr bezahlen konnte und unter dem nachlassenden Interesse der Londoner Gesellschaft für die italienische Oper zu leiden begann.

🎵 1729 nahm Händel mit dem Unternehmer Heidegger die Academy auf eigenes Risiko wieder auf. Dadurch erhöhte sich seine Arbeitsbelastung auf drastische Weise, musste er doch nun neben dem Komponieren und Einstudieren neuer Opern die Aufgaben eines Teilhabers, Unternehmers und Intendanten erfüllen. Auch begann seine inzwischen erreichte geradezu monopolistische Stellung als überragender Meister der italienischen Oper eine Opposition zu provozieren, die auch politische Gründe hatte und sich um den Kronprinzen Frederick Lewis scharte, der mit seinem Vater, dem seit 1727 regierenden Georg II., verfeindet war. Am 16. Juni 1733 schrieb der Earl of Delaware: „Gegen die Vorherrschaft von Mr. Händel hat sich ein Widerstand gebildet, eine Subskription wird durchgeführt, Direktoren wurden gewählt, die Sinesino unter Vertrag genommen und nach Cusszoni (sic) und Farinelli geschickt haben."[10] In den Zeitungen häuften sich gehässige, gegen Händel gerichtete Artikel und Epigramme.[11] 1733 kam es zur Gründung eines Konkurrenzunternehmens, der „Opera of the Nobility", die sich zum Ziel gesetzt hatte, Händels Monopolstellung zu brechen: „point d'accommodement à jamais avec le Sr Händel".[12] Man kann sich vorstellen, was für einen Nervenkrieg diese öffentlichen Anfeindungen, teils auch von seinen früheren Freunden und Förderern, bedeuteten.

☞ Wodurch hatte Händel, bis vor Kurzem noch der allgemein umjubelte Liebling der Londoner Gesellschaft, diese Feindschaft auf sich gezogen, und was bedeutet der Ausdruck „dominion" in diesem Zusammenhang? Im freundlichen Sinne bezieht er sich auf die unbestreitbare Vorherrschaft, die Händel mit seinen die Konkurrenten weit überragenden Opern *Rinaldo*, *Radamisto*, *Ottone*, *Giulio Cesare*, *Tamerlano* und *Rodelinda* in London erreicht hatte und die einer auf Wettbewerb und Rivalität erpichten Gesellschaft lästig zu werden begann. Diese Überlegenheit war aber offenbar auch Händel selbst bewusst, dessen Auftreten vor allem von den verwöhnten Gesangsstars und deren Anhängern als Selbstherrlichkeit, Arroganz und Sturheit empfunden wurde. Wenn es um seine musikalischen Vorstellungen ging, war Händel zu keinen Kompromissen bereit. Sein unbeugsames Unabhängigkeitsstreben war Thema zahlreicher Anekdoten, die zweifellos einen wahren Kern haben. In seinem künstlerischen „Könnensbewusstsein" (Christian Meier) war Händel – wie auch in mancher anderen Hinsicht – ein Vorläufer von Mozart, Beethoven, Verdi und Wagner. Händel wird zwar bewundert, aber das breite Publikum läuft den großen Gesangsstars hinterher. „Man bewundert ihn", schreibt Antoine-François Prévost d'Exiles, „aber von weitem, denn er ist oft allein: ein Zauber zieht die Massen zu Farinelli."[13]

♪ Die neue Konkurrenz durch die „Adelsoper" war noch wesentlich gefährlicher als zehn Jahre vorher die Rivalität mit Bononcini, denn ging es damals um Ruhm, so jetzt um das ökonomische Überleben. Die Konkurrenzoper hatte Nicola Porpora als Komponisten verpflichtet, einen Vertreter des neuen „galanten" Stils, und die berühmtesten Sänger der Zeit, darunter den Kastraten Farinelli. Auch Francesca Cuzzoni, Senesino und andere Stars waren von Händel zu Porpora übergegangen. In dieser Situation musste Händel seine Kräfte verdoppeln und jede Saison neben Neubearbeitungen eigener und fremder Werke mindestens zwei neue eigene Opern herausbringen: *Lotario* und *Partenope* (1729/30), *Poro* und eine Neubearbeitung der Serenata *Acis und Galatea* (1730/31), *Ezio* und *Sosarme* sowie eine Neubearbeitung des dramatischen Oratoriums *Esther* (1731/32), *Orlando* (wieder ein überragendes Meisterwerk) und das dramatische Oratorium *Deborah* (1732/33) sowie im Sommer 1733 für Oxford das dramatische Oratorium *Athalia*[14], das dort zusammen mit *Esther* und *Deborah* einen sensationellen Erfolg errang. In der 5. Saison – parallel zur 1. Saison der Adelsoper – brachte er *Arianna in Creta* und die Serenata *Il Parnasso in Festa* heraus sowie eine Neubearbeitung der Oper *Il Pastor Fido* (zuerst 1712). Mit dieser Spielzeit endet die Zusammenarbeit mit Heidegger, der sein Theater am Haymarket an die Adelsoper vermietet. Händel mietet mit erheblichen Kosten das Opernhaus Covent Garden. Für die 6. Saison schreibt er das Pasticcio *Oreste* und bringt am 8. Januar 1735 ein weiteres, zeitlos überragendes Meisterwerk heraus:

Ariodante[15]; außerdem kann er nun in der Fastenzeit, in der die Adelsoper schließen muss, seine dramatischen Oratorien *Esther*, *Deborah* und *Athalia* aufführen, in denen er jetzt mit neuen Orgelkonzerten auch als Solist auftritt: eine weitere Attraktion, der die Konkurrenz nichts entgegenzusetzen hat, aber die auch sein Arbeitspensum noch einmal erheblich vergrößert. Die Saison endet mit einem weiteren Werk allererster Größenordnung, der Oper *Alcina*, die mit 18 Aufführungen in Folge ein überwältigender Erfolg wurde. Eine schwindelerregende Arbeitsleistung, die sich aber auch gesundheitlich auszuwirken beginnt. In den Jahren 1734, 35 und 36 zieht sich Händel im Sommer nach Tunbridge Wells zurück, um seine als Rheumatismus beschriebenen Beschwerden zu kurieren.

☙ Die 7. Saison (1735/36) beginnt Händel spät, in der Fastenzeit mit der Ode *Alexander's Feast*, die am 19. Februar zusammen mit dem Concerto Grosso C-Dur, dem Concerto op. 4 Nr. 6, dem Orgelkonzert op. 4 Nr. 1 und der Kantate *Cecilia, volgi un sguardo* aufgeführt und ein spektakulärer Erfolg wurde. Die neue Oper dieser Spielzeit war die zur Hochzeit des Prince of Wales aufgeführte Oper *Atalanta*. Die 8. Saison (1736/37) wurde mit 12 Einstudierungen (acht Opern und vier Oratorien, darunter fünf Londoner Erstaufführungen), die anstrengendste von allen. Offenbar hatte Händel sich zum Ziel gesetzt, die Konkurrenz der Adelsoper durch die schiere Menge von Produktionen aus dem Felde zu schlagen. Für diese Saison hatte er drei neue Opern komponiert (*Arminio*, *Giustino* und *Berenice*), das 1708 in Rom entstandene Oratorium *Il Trionfo del Tempo* neu bearbeitet und für die Oratorienaufführungen der Fastenzeit mit *Esther* und *Alexanderfest* neue Orgelkonzerte geschrieben. Wenn es Händels Ziel war, die Adelsoper entscheidend zu treffen, dann hatte er sein Ziel erreicht. Mit der Vorstellung am 11. Juni 1737 schloss sie für immer ihre Pforten, und Händel konnte wieder im King's Theatre am Haymarket einziehen. Senesino, Cuzzoni und Porpora waren schon zu Ende der vorigen Saison gegangen, und Farinelli war seit einigen Wochen indisponiert und verließ London im Juni. Mainwaring erwähnt in seiner Biographie, dass Lord Middlesex sich der verwaisten italienischen Oper angenommen und sich an Händel gewandt habe „als der geschicktesten Person, solche mit Kompositionen zu versehen. Er machte auch zwo Opern für den besagten Lord, Faramondo und Alessandro Severo".[16] Wie aus einem Artikel im *Daily Advertiser* vom 20. Februar 1738 hervorgeht, handelte es sich bei diesem Unternehmen um die Initiative von zwanzig Ladies des hohen Adels, die sich, wohl im Benehmen mit Lord Middlesex, zum Ziel gesetzt hatten, 200 Subskribenten für eine neue Opernsaison und Heidegger als Manager zu gewinnen. Händel und Pescetti sollten als Hauskomponisten angestellt werden.[17] Händel, dem ein Honorar von 1000 Pfund geboten wurde, hat sich darauf eingelassen – auch wenn er sich über die Gleichstellung mit dem drittklassigen Giovanni Battista Pescetti nicht wenig geärgert haben wird – und hat für die neue Kompanie *Faramondo* und *Serse* komponiert. Noch einmal war er, wenigstens für eine Saison, vom freien Unternehmer zum Angestellten geworden, wenn auch unter lukrativen Bedingungen.

𝄢 Wenn man diese Entwicklung als einen Sieg für Händel betrachten kann, dann war es allerdings ein Pyrrhus-Sieg, denn er hatte mit diesem kräftezehrenden und nervenaufreibenden Wettkampf seine Gesundheit ruiniert. Die Uraufführung der Oper *Berenice* am 18. Mai konnte er nicht mehr selbst leiten.[18] Am 14. Mai meldet *The London Evening Post*: „Der geniale Mr. Handel ist äußerst unpäßlich, und man denkt an einen Schlaganfall, da er zur Zeit den Gebrauch seiner rechten Hand verloren hat, was das Publikum, falls er ihn nicht wiedergewinnt, den Genuss seiner schönen Kompositionen kosten wird."[19]

♩: Händel soll einen Schlaganfall mit rechtsseitiger Lähmung[20] erlitten haben, und sein offenbar stark eingetrübter Geisteszustand lässt auf Depression oder ein Burn-out Syndrom schließen. Mainwaring schreibt in seiner Biographie: „Er konnte seinen rechten Arm nicht mehr gebrauchen infolge eines Schlaganfalls; und wie stark sein Verstand für lange Zeit immer einmal wieder in Mitleidenschaft gezogen war, zeigte sich bei hundert Gelegenheiten. (...) In diesem melancholischen Zustand war er außerstande, irgendwelche neuen Projekte zu planen, um seine Geschäfte wieder aufzunehmen. Seine erste Sorge war die Wiederherstellung seiner Gesundheit."[21]

Fixiert auf seinen Kampf um die italienische Oper war er zunächst blind für die großartigen Möglichkeiten, die sich ihm auf dem Feld des Oratoriums oder „sacred drama" eröffneten. Ein Oratorien-Libretto, das ihm Charles Jennens im Sommer 1735 zugesandt hatte (es muss sich um *Saul* handeln), ließ er jahrelang in der Schublade liegen.[22] Die Oper galt damals als die vornehmste aller musikalischen Gattungen, Händel fühlte und wusste sich zu Recht als der geborene Musikdramatiker und überragende Vertreter dieser Gattung, und Oper hieß italienische Oper, schon weil alle bedeutenden Sängerinnen und Sänger aus Italien kamen. Noch Mozart musste um die deutsche Oper kämpfen, zu einer nationalsprachlichen Operntradition hat es England erst im 20. Jahrhundert mit Benjamin Britten gebracht.

𝄢 Anfang September brach Händel zu einer sechswöchigen Kur nach Aachen auf, das über die heißesten Quellen Europas verfügte.[23] Da er seine Bäder auf das Dreifache der empfohlenen Dauer ausdehnte, gestaltete sich das zu einer wahren Rosskur, die eine schwächere Natur hätte umbringen können, ihn aber von seinen Beschwerden vollständig kurierte. Am 28. Oktober vermeldete die *London Daily News*: „Mr. Handel, der Komponist italienischer Opern, wird stündlich aus Aachen zurückerwartet."[24] Am 29. Oktober 1737 eröffnete die Haymarket Oper ihre Saison mit Pescettis und Corris Pasticcio *Arsace*.

𝄢 In London zurück machte sich Händel sofort neben dem *Funeral Anthem* für Königin Caroline vertragsgemäß an die Komposition der Opern *Faramondo*[25] und *Serse*[26] sowie des Pasticcios *Alessandro Severo*[27], und erst nachdem die Subskription für die Saison 1738/39 so erfolglos war, dass sie abgesagt werden musste, zog Händel Ende Juli 1738 endlich Jennens' Libretto aus der Schublade und setzte sich an die Komposition von *Saul*. Was sich aus diesem Überblick über die historische Situation ergibt, ist vor allem die Tatsache, dass Händel weniger durch innere Überzeugung, als vielmehr durch äußere Umstände gezwungen war, sich von der italienischen Oper ab- und dem englischen Oratorium zuzuwenden, einer Gattung, die er doch praktisch erfunden und mit *Athalia* bereits zu höchster Meisterschaft entwickelt hatte. Auch wenn nach zwei reinen Oratorienspielzeiten (1738/39, 1739/40) 1740/41 noch einmal eine gemischte Saison mit zwei Opernpremieren (*Imeneo* und *Deidamia*) folgte, wird man doch die entscheidende Wendung in Händels Schaffen auf den Sommer 1738 mit den Oratorien *Saul* und *Israel in Egypt* datieren. In diesem Sommer konnte sich Händel auf der Höhe seiner Anerkennung fühlen. Die abgelaufene Saison hatte ihm mit dem Honorar und den Einnahmen des zu seinen Gunsten veranstalteten Benefiz-Konzerts am 28. März Einnahmen von ca. 2000 Pfund eingebracht. Ende April wurde in Vauxhall Gardens die Marmorstatue von Louis François Roubillac bzw. Roubiliac (wie er in englischen Quellen genannt wird) aufgestellt, die Händel nach allgemeiner Ansicht als Apollo darstellte. Die teure Prachtausgabe von *Alexander's Feast* fand zahlreiche Subskribenten in der vornehmsten Gesellschaft. Die beiden Opern waren auf Bestellung, nicht auf Absatz gearbeitet worden. Jetzt, angesichts der gescheiterten Opernsaison des kommenden Winters, konnte sich Händel frei fühlen, in eigener Initiative etwas Neues in Angriff zu nehmen.

𝄢 Die Komposition von *Saul*, mit der Händel im Juli 1738 begann, schien ihm zunächst nicht leichtgefallen zu sein[28], denn im September ließ er das Werk liegen und setzte sich doch wieder an die Musik zu einer italienischen Oper, *Imeneo*, deren erste Fassung er in anderthalb Wochen beendete.[29] Am 20. September, nach einem offenbar einflussreichen Besuch von Jennens, nahm er *Saul* wieder auf und schloss die Partitur am 27. September ab. Nur drei Tage später, am 1. Oktober, nahm er die Vertonung des Schilfmeerlieds in Angriff, des großen Lobgesangs, den Moses, Miriam und die Israeliten nach der Durchquerung des Roten Meers anstimmten (Ex 15,1–21). Die Komposition von „Moses' Song" beendete Händel laut Eintrag in der Partitur am 11. Oktober.[30] Dieses berühmte Lied galt als die wichtigste der neun Oden oder „Cantica", die außerhalb des Psalters in der Bibel vorkommen und im Gottesdienst rezitiert oder gesungen wurden:

1. Das Schilfmeerlied des Mose
2. Das Mose-Lied im Deuteronomium (Ha-Azinu, Dtn 32,1–43)
3. Das Danklied der Hanna, der Mutter Samuels (1 Kön 2,1–10)
4. Das Lied des Propheten Habakuk (Hab 3,2–19)
5. Das Lied Jesajas (Jes 26,9–20)
6. Das Lied Jonas (Jona 2,3–10)
7. Das Lied Asarjas (Dan 3,26–45)
8. Der Gesang der drei Männer im Feuerofen (Dan 3,52–88)
9. Der Lobgesang Marias (Lk 1,46–55) und des Zacharia (Lk 1,68–79)

Moses Lied ist das erste Loblied, das in der Bibel angestimmt wird.

Mit dem Siegeslied des Mose feierte die Kirche seit frühchristlicher Zeit den Sieg, den Christus mit seiner Passion und Auferstehung über Sünde, Tod und Teufel errungen hat. Händel schwebte bei dieser Komposition also ganz offensichtlich kein dramatisches Oratorium vor, sondern die Vertonung einer selbstständigen biblischen Dichtung, eines Lobgesangs nach Art des „Magnificat", wofür es in der englischen Tradition die Gattung des Anthems gibt.

𝄢: Anders als die Oratorien wurden Anthems nicht im Theater oder Konzertsaal aufgeführt, sondern nur in der Kirche. Dafür brauchten sie einen liturgischen Ort oder einen offiziellen Anlass, z.B. eine Krönung, eine Beisetzung oder eine Siegesfeier. Nichts dergleichen lag im Herbst 1738 vor. Für seine eigene Bühne und die nächste Spielzeit brauchte Händel aber ein abendfüllendes Oratorium. Daher setzt er sich vier Tage später, am 15. Oktober, an einen weiteren Teil, den er „Exodus" und als „Act ye 2^d" betitelt, also schon im Hinblick auf einen 1. Akt.[31] Dieser 2. Akt folgte ebenfalls der Form eines Anthem und war neben einigen Passagen aus dem 2.Buch Mose vor allem aus den Psalmen 78, 105 und 106 zusammenstellt, die sich in der Form des Lob- und Danklieds auf die Plagen beziehen, durch die Gott die Freilassung der Israeliten erzwingt, ihren nächtlichen Aufbruch und den Durchzug durchs Rote Meer. Diesen Teil stellte er in der unwahrscheinlich kurzen Zeit von fünf Tagen am 20. Oktober fertig.[32] Er leitete ihn mit einem kurzen Rezitativ und einem Chor ein, die auf die Leiden der Israeliten und die Berufung Moses Bezug nehmen. Vom 21. bis 28. Oktober arbeitete er an der Instrumentation des zweiten, vom 29. Oktober bis 1. November an der des dritten Akts. Als 1. Akt wurde den beiden bestehenden Teilen ein drittes Anthem, die nur leicht umgetextete Trauerode für Königin Caroline, vorgeschaltet. Am 1. November war das Werk fertiggestellt.[33]

Händels Autograph der ersten Seite von Teil III, Moses' Song.[34]

So wie Bachs *Weihnachtsoratorium* (1734) aus sechs Kantaten, besteht Händels *Israel in Egypt* aus drei Anthems.[35] Der Unterschied ist allerdings fundamental. Während Bachs weltliche und geistliche Kantaten die in der Operntradition entwickelten Formen des Rezitativs, Accompagnatos, Ariosos und der Da-capo-Arie übernehmen und lediglich durch einen polyphonen Eingangschor und Choräle ergänzen, ist das englische Anthem so weit wie irgend denkbar von der Oper entfernt. Hier dominieren die polyphonen Chöre, und die Soli vermeiden die Formen von Rezitativen und Da-capo-Arien. Die Texte sind der Bibel entnommen. Damit fehlt einem Anthem die pietistische Dimension der individuellen Reflexion, wie sie die lutherische geistliche Dichtung der Bach-Zeit kennzeichnet und mit der auch Händel durch seine Lehrjahre bei Friedrich Wilhelm Zachow (1663–1712) in Halle und seine Hamburger Zeit innig vertraut war. Ein Anthem ist repräsentativ, hier drückt sich nicht die individuelle Seele, sondern das große „Ich" König Davids und des Volkes Israel aus, in dem sich der Einzelne spiegeln mag. *Israel in Egypt* ist darin einzigartig; kein anderes Händelsches Oratorium, auch nicht *Messiah*, ist in der Form des Anthems komponiert. Wie eingangs erwähnt, ist *Israel in Egypt* ein Experiment, mit dem sich Händel so radikal wie irgend möglich von der Form der Oper lossagt und formales Neuland betritt.[36] Zwar bot die Fastenzeit, in der keine Opern gespielt werden durften, seit der Wiederbelebung von *Esther* und den Oratorien *Deborah* und *Athalia* für Händel die Gelegenheit, seine Oratorien auf die Bühne zu bringen, aber das Anthem-Oratorium *Israel in Egypt* – nicht nur das Schilfmeerlied – hatte darüber hinaus in der Quadragesima, der Großen Fastenzeit, in der anglikanischen – wie überhaupt in der christlichen – Tradition aufgrund der typologischen Beziehung zwischen Exodus und Ostern auch seinen liturgischen Ort. Besonders in England stand die Fasten- und Osterzeit im Zeichen einer besonderen „Exodus-Spiritualität".[37] Kein anderes Thema war daher für die vorösterlichen Aprilwochen so geeignet wie der Auszug aus Ägypten, und dies mag auch der Grund dafür sein, dass die Zensur in diesem Fall die Aufführung von Bibeltexten im Theater gestattete. Für ein Anthem wäre dieser Aufführungsort undenkbar. Allerdings erregte auch für dieses Drei-Anthem-Oratorium die Aufführungserlaubnis Verwunderung. Bei dieser Gelegenheit griff die *London Evening Post* vom 5. April noch einmal auf den notorischen Vergleich Händels mit dem mythischen Sänger Orpheus[38] zurück: „Aus der Tatsache aber, dass die Genehmigung für seine Aufführung erteilt worden war, mögen wir schließen, dass Mr. Händel ein größeres Wunder vollbracht hat als irgendeines der Orpheus zugeschriebenen Wunder, obwohl uns die Dichter versichern, dass selbst wilde Tiere, Pflanzen und Steine für seine Harmonie empfänglich waren."[39]

⁌ Mit alledem ist aber noch keineswegs erklärt, was Händel motiviert haben könnte, nach dem Abschluss des Oratoriums *Saul* den Lobgesang Moses als Anthem zu komponieren. Zwei Szenarien kommen in Frage. Das eine geht davon aus, dass tatsächlich Charles Jennens auch hier seine Hand im Spiel und Händel bei seinem Besuch im September 1737 diesen Stoff suggeriert hatte. In einem

Brief in Zusammenhang mit dem *Messiah* behauptete er, für Händel bereits eine andere Scripture Collection zusammengestellt zu haben, wofür eigentlich nur *Israel in Egypt* in Frage kommt.[40] Weil er aber so schnell damit nicht fertig wurde, könnte er Händel geraten haben, schon einmal mit der Vertonung von Ex 15,1–21 zu beginnen, bis er die geeigneten Texte für den Exodus-Teil zusammengestellt hatte. Man könnte sich sogar vorstellen, dass Jennens bereits damals Exodus und *Messiah*, die beiden bedeutendsten, folgenreichsten Gründungsereignisse und -erzählungen der biblischen Religion(en), als ein Paar vorgeschwebt haben, auch wenn Händel dann nach dem in seinen Augen offenbar missglückten Experiment eines Anthem-Oratoriums mit seinem *Messiah* zu einer ausgewogeneren Form mit Arien und Rezitativen neben Chören zurückgekehrt war.[41]

𝄢 Aber auch ein anderes Szenario ist denkbar und in meinen Augen sogar wahrscheinlicher. Sollte man nicht, da ein offizieller Anlass für ein Anthem nicht vorgelegen zu haben scheint, einen persönlichen Anlass annehmen? Vielleicht dachte Händel zunächst gar nicht an eine Aufführung, sondern folgte einem Herzensbedürfnis, einen Lobgesang zu komponieren? Einen solchen Anlass könnte ein Gefühl des Glücks und der Dankbarkeit geboten haben, das ihn nach der endgültigen Überwindung der schweren gesundheitlichen Krise, dem Sieg über die Adelsoper und vor allem der glücklichen Vollendung seines *Saul* erfüllt haben mag, der nicht nur in seinem Leben, sondern in der Musikgeschichte überhaupt Epoche gemacht hat, handelt es sich hier doch um einen Durchbruch zu einer vollkommen neuen Form von Musiktheater, die für die folgenden Jahrzehnte seines Schaffens bestimmend und zum unübertroffenen Modell der von ihm geschaffenen Gattung des dramatischen Oratoriums wurde. *Esther* und *Athalia* waren Umarbeitungen Racine'scher Tragödien, *Deborah* war nach diesem Muster konzipiert. *Saul* aber war von vornherein als ein englisches Theater-Oratorium angelegt und von Charles Jennens, Händels bestem englischen Librettisten, dem von ihm verehrten Komponisten gewissermaßen auf den Leib geschrieben. Den Ausstieg aus der italienischen Oper mit ihrem Starkult und ihren Konkurrenzkämpfen und die Eroberung eines ganz neuen Terrains mag er als einen Befreiungsschlag empfunden haben, der ihm den Gedanken an die Durchquerung des Roten Meers nahegelegt haben könnte. Auf der neu eroberten Bühne des englischen Oratoriums konnte niemand mit ihm konkurrieren. Da mag es für Händel nahegelegen haben, das „SDG" (Soli Deo Gloria), mit dem er viele seiner Partituren (aber nicht die von *Israel in Egypt*) signierte, in Gestalt eines Lobgesangs auszukomponieren.

🎵 Warum sollte also Händel nicht von sich aus, ohne vorliegendes Textbuch, ohne offiziellen Anlass, auf die Idee gekommen sein, den Lobgesang Moses in der King James Version zu vertonen? Für ein Anthem brauchte Händel keinen Librettisten. Der Text lag ja sowohl in der Bibel als auch im Common Prayer Book als eine, ja die berühmteste der traditionellen Oden vor. Bach brauchte auch keinen Librettisten, als er das *Magnificat* vertonte. Burney überliefert sogar, dass Händel verletzt reagierte, als die Bischöfe ihm 1727 zur Krönung Georg II. die Bibeltexte für das Anthem zuschickten: „Ich habe meine Bibel fleißig genug gelesen und werde mir die Sprüche selber aussuchen."[42] Für die Trauerode (*Funeral Anthem*) für Königin Caroline, die er zur Beisetzung am 17. Dezember 1737 schrieb, verwendete er aber eine Textzusammenstellung von Edward Willes, die dann auch für den ersten Teil von *Israel in Egypt* redigiert wurde.

☙ Vieles spricht übrigens dafür, dass die biblischen Texte, die Händel seinem Oratorium zugrunde gelegt hat, in der gleichen Reihenfolge entstanden sind wie sein Oratorium: zuerst das Meer-Lied, dessen Keimzelle, das Miriam-Lied, als älteste Spur der Exodus-Überlieferung gilt, dann das Buch Exodus in seinen verschiedenen Entstehungsphasen und zuletzt die Josephs-Erzählung (Gen 37–50), die das Verbindungsglied herstellt zwischen den Erzväter-Erzählungen der Genesis und der Auszugserzählung des Buches Exodus. Da Händel aber die Trauerode für Königin Caroline auf die Totenklage Israels um Joseph umgetextet hat, kommt die Josephs-Erzählung selbst in Händels Libretto gar nicht vor.

☙ Die Anthems, die Händel für den Herzog von Chandos und die Royal Chapel komponiert hatte, sind eher kammermusikalisch angelegt. Erst die für große Staatsaktionen wie die Krönung Georg II. (1727), die Hochzeit von Prinzessin Anne mit Wilhelm von Orange-Nassau (1734) und die Hochzeit des Kronprinzen Frederick Lewis mit Augusta von Sachsen-Gotha-Altenburg (1736) waren für große Besetzung und ein großes Publikum geschrieben und entsprechend repräsentativer und zeremonieller gestaltet.[43] Zu dieser Gruppe gehört auch des *Funeral Anthem* für Königin Caroline, das in dieser Richtung noch einen Schritt weiter geht. Diese Tendenz zum Großartigen, „Erhabenen" wird im Drei-Anthem-Oratorium noch einmal gewaltig gesteigert.

Erster Teil: Lamentation of the Israelites about the death of Joseph

Die folgende Betrachtung der textlichen und musikalischen Gestaltung des Oratoriums *Israel in Egypt* folgt nicht der Entstehungsgeschichte, in der, wie oben gezeigt, zuerst der dritte, dann der zweite und zuletzt der erste Akt entstand, sondern orientiert sich am Aufbau des abgeschlossenen Werks, dessen erster Akt dem *Funeral Anthem* für die am 20. November 1738 gestorbene Königin Caroline entspricht. Die folgende Tabelle gibt eine Übersicht über den Aufbau des ersten Akts. Die Numerierung folgt der Ausgabe von Annette Landgraf in der Hallischen Händel-Ausgabe.

> Abkürzungen:
> Ob = Oboen
> 4st = vierstimmiger Streichersatz,
> d.h. erste und zweite Violinen, Violen und Continuo
> aus Celli, Kontrabass, Theorbe, Cembalo, Orgel
> und ggf. Fagott.

Nr.	Form	Incipit	Tonart	Taktart
1	Symphony		g	C
2	Chorus	The sons of Israel	g	C
3	Chor	How is the mighty fall'n	g	¢
4	Chor	He put on righteousness	g	C
5	Quartett	When the ear heard him	g	C
6	Chor	How is the mighty fall'n	g	C
7	Chor	He deliver'd	B	C
8	Chor	How is the mighty fall'n	g	C
9	Chor	The righteous shall be	g	½
10a	Chor	Their bodies are buried	f	C
10b	Chor	But their name	F	C
10c=a	Chor	Their bodies	f	C
10d=b	Chor	But their name	F	C
11	Chor	The people will tell	d	C
		And the congregation		
12	Quartett	They shall receive	a	¾
13	Chor	The merciful goodness	g	C

Händel erhielt den Auftrag für das Anthem erst am 7. Dezember, stellte das großartige Werk bis zum 12. Dezember fertig und hatte vor der Aufführung am 17. Dezember noch einige Tage für die Proben.

𝄢 Gelegenheitskompositionen wie Trauer-, Geburtstags- oder Krönungsoden erfahren naturgemäß nur eine einzige Aufführung und landen dann im Archiv. Verständli-

Tempo	Anzahl Takte	Bläser	Streicher
Largo assai	14		4st
Larghetto e staccato	90	Ob I+II	4st
Più Allegro	74		4st
Tempo ordinario	52	Ob I+II	4st
Andante larghetto	52	Ob I+II	4st
Adagio	15	Ob I+II	4st
Andante	140	Ob I+II	4st
Adagio	15	Ob I+II	4st
Larghetto e staccato	123	Ob I+II	4st
Grave e piano	23		4st
Allegro	37	Ob	4st
Grave e piano	23		4st
Allegro	37	Ob	4st
Grave	4	Ob I+II	4st
A tempo ordinario	37		
Larghetto e piano	114	Ob I+II	4st
Largo	62	Ob I+II	4st

cherweise liegt einem Komponisten der Barockzeit daran, die Musik in anderen Werken wiederzuverwenden, die er öfter zu Gehör bringen kann. Aus diesem Grund hat z.B. Johann Sebastian Bach viele Stücke seiner höfischen Huldigungskantaten für sein Weihnachtsoratorium wiederverwendet. Möglicherweise haben Bach und Händel sogar schon bei der Originalkomposition eine solche Zweitverwertung in größerem Kontext mitbedacht. Händel jedenfalls plante, das großartige Begräbnis-Anthem für Königin Caroline schon in seinem Oratorium *Saul* für die Trauer um Saul und Jonathan zu verwenden[44], entschloss sich dann aber, wohl aus Gründen des allzu großen Umfangs, für den in seiner Art nicht minder großartigen Trauermarsch. *Israel in Egypt* bot ihm dann die Gelegenheit, das Trauer-Anthem in seinem ganzen Umfang noch einmal vor einem großen, ganz anderen Publikum zur Geltung zu bringen.

𝄢 Die Umdichtung auf die Trauer um Joseph machte ihm nicht die geringsten Probleme. Er änderte nur die 3. Person Singular femininum in die 3. Person Singular maskulinum und ersetzte die „Wege Zions", die nicht nach Ägypten passen, durch „die Söhne Israels". Zwar beziehen sich nun der erste und der zweite Akt des Oratoriums auf zwei Epochen, den Tod Josephs und das Auftreten Moses, die nach biblischer Chronologie 400 Jahre auseinander liegen, aber da das Thema „Israel in Ägypten" und nicht „der Auszug aus Ägypten" lautet, ist es gerechtfertigt, mit Josephs Tod zu beginnen, auch wenn keine der für Königin Caroline herangezogenen Bibelstellen mit Genesis 50 und dem darin berichteten Tod Josephs auch nur das Geringste zu tun hat.

Nr. 1 Symphony
Händel machte also aus der Trauer-Ode den ersten Akt seines Oratoriums und ergänzte ihn durch ein kurzes Vorspiel von 14 Takten im Stil der langsamen Einleitung einer französischen Ouvertüre, dem er aber keine eigene Überschrift wie „Symphony" oder „Overture" gab.

🎼 Das Vorspiel ist auch keines von beidem. Für eine Symphony oder Sinfonia ist es zu französisch im Stil, für eine Ouverture ist es zu kurz: es fehlt ihm die schnelle, fugierte Fortsetzung, die Händel, der von Anfang an die Stimmung tiefer Trauer darstellen und erzeugen wollte, offenbar unpassend erschien. Hierzu passen die Tempobezeichnungen „Largo assai" und, für die letzten zwei Takte, „Adagissimo", und natürlich die mit Tod und Trauer assoziierte Tonart g-Moll, in der die meisten Abschnitte der Trauer-Ode stehen.

Nr. 2 The sons of Israel do mourn

Der Eingangschor „The sons of Israel do mourn" ist eine Phantasie über die erste Zeile des Chorals „Herr Jesu Christ, du höchstes Gut" bzw. „Herr Jesu Christ, ich weiß gar wohl", die immer wieder auftaucht und mit zwei verschiedenen Kontrasubjekten kombiniert wird.

🎼 Ganz im Gegensatz zur deutschen Kantate ist die Verwendung von Chorälen im englischen Anthem nicht üblich. Gemessen am Umfang seines geistlichen Gesamtwerks hat Händel nur äußerst selten Choralmelodien der lutherischen Tradition verwendet. Durch die Einbeziehung des *Funeral Anthem* ist *Israel in Egypt* das Werk mit den meis-

Notenbeispiel 1: Choralmelodie „The sons of Israel do mourn, do mourn".

Notenbeispiel 2: Eingangschor: The sons of Israel do mourn, Takte 1–16 (HHA I/14,4).

ten Choralmelodien.⁴⁵ Dieses Anthem scheint bei Händel geradezu einen Bann gebrochen zu haben. In keinem seiner früheren Anthems begegnet eine Choralmelodie. Dann aber kommen Choräle sehr betont vor: im Schlusschor von *L'Allegro, il penseroso ed il moderato* (Erhalt uns, Herr, bei deinem Wort), in der Fassung des Anthems *As pants the hart* von 1738 (Christ lag in Todesbanden) und im *Foundling Hospital Anthem* von 1749 (Aus tiefer Not schrei ich zu dir), siehe dazu unten. Weil es in der englischen Kirchenmusik, ganz im Gegensatz zur lutherischen Tradition, keinen Choralgesang gab, entwickelt Händel auch ganz verschiedene Formen des Choralzitats. In diesem Eingangschor taucht nur die erste Zeile der Melodie von „Herr Jesu Christ, du höchstes Gut" auf, nach Art eines Cantus firmus in verschiedenen Stimmen. In Nr. 7 „He deliver'd the poor that cried" verwendet er dagegen die vollständige Melodie als zweistimmigen, terzparallelen Cantus firmus in Tenor und Alt. In Nr. 11 „And the congregation" bringt er wieder nur die erste Zeile von „Herr Jesu Christ, du höchstes Gut", abwechselnd in allen vier Stimmen. Besonders raffiniert verfährt Händel mit dem Choral „Christ lag in Todesbanden" im Eingangschor des zweiten Teils „And the sons of Israel cried": Hier taucht die Melodie der ersten Zeile erst andeutungsweise, fragmentarisch auf, und man muss bis Takt 38 warten, wo sie dann erstmals vollständig im 2. Alt hörbar wird.

𝄢 Der Choral von Bartholomäus Ringwald, um 1588 entstanden, ist das Bittgebet eines Sünders um Vergebung der im Leben begangenen Sünden und Aufnahme in die Gnade Christi. Der Text bezieht sich auf die Lesung zum 11. Sonntag nach Trinitatis, die Bitte des Zöllners um Aufnahme in den Jüngerkreis Christi, lässt sich aber gut auf die Situation eines/r Verstorbenen deuten, die mit dieser Bitte vor den höchsten Richterthron tritt.

> Herr Jesu Christ, du höchstes Gut,
> du Brunnquell aller Gnaden,
> sieh doch, wie ich in meinem Mut
> von Schmerzen bin beladen.
> Und in mir hab der Pfeile viel,
> die im Gewissen ohne Ziel
> mich armen Sünder drücken.

Auf dieselbe Melodie wurde zu Händels Zeiten aber auch ein anderer Text gesungen, der deutlicher auf Tod und Erlösung bezogen ist und im 17. Jahrhundert in Sachsen viel bei Beerdigungen gesungen wurde.[46]

> Herr Jesu Christ, ich weiß gar wohl,
> dass ich einmal muss sterben,
> wenn aber das geschehen soll
> und wie ich werd verderben,
> dem Leibe nach, das weiß ich nicht,
> es steht allein in deinem Gericht,
> du siehst mein letztes Ende.
>
> Und weil ich denn, als dir bewusst,
> zwar durch deins Geistes Gabe,
> an dir allein die beste Lust
> in meinem Herzen habe,

und gwisslich glaub, dass du allein
mich hast von Sündn gewaschen rein
und mir dein Reich erworben.

Die ersten 16 Takte sind in einem stockenden Rhythmus gehalten, entsprechend der Tempobezeichnung „Larghetto e staccato". Der stockende Rhythmus ist eine Klageformel, die bei Händel häufig auftritt, von der Klage der Armida „Ah Crudel!" in *Rinaldo* (1711) bis zu dem Chor „He saw the lovely youth" in *Theodora* (1750), der die Geschichte des Jünglings zu Nain erzählt. Es handelt sich also bei diesem Eingangschor um ein Chor-Lamento. Das erste Kontrasubjekt erscheint ab Takt 17, zuerst nur im Orchester unter der Choralmelodie als Cantus firmus, bei dem Alt, Tenor und Bass sich abwechseln, und dann ab Takt 35 auch in den Singstimmen in imitatorisch aufgefächertem polyphonen Satz.

Mit Takt 41 stimmt der Sopran dann das von den anderen Stimmen sogleich imitatorisch aufgenommene zweite Kontrasubjekt an. Ab Takt 51 taucht die Choralmelodie als Cantus firmus abwechselnd in den einzelnen Stimmen wieder auf, zuerst im Sopran, dann im Bass, Takt 58 im Tenor, zuletzt (Takte 64ff.) im Alt, während die jeweils anderen Stimmen die beiden polyphon kombinierten beiden Kontrasubjekte weiterspinnen, bis sich ab Takt 71 bis 81 alle vier Stimmen zum vierstimmigen Satz der Choralzeile vereinigen. Takte 82–91 bilden eine Coda, die mit dem ständig wiederholten Quartfall das trauernde Senken der Köpfe („and hang down their heads to the ground") ausdrücken, worin sich das Thema des folgenden Teils ankündigt.

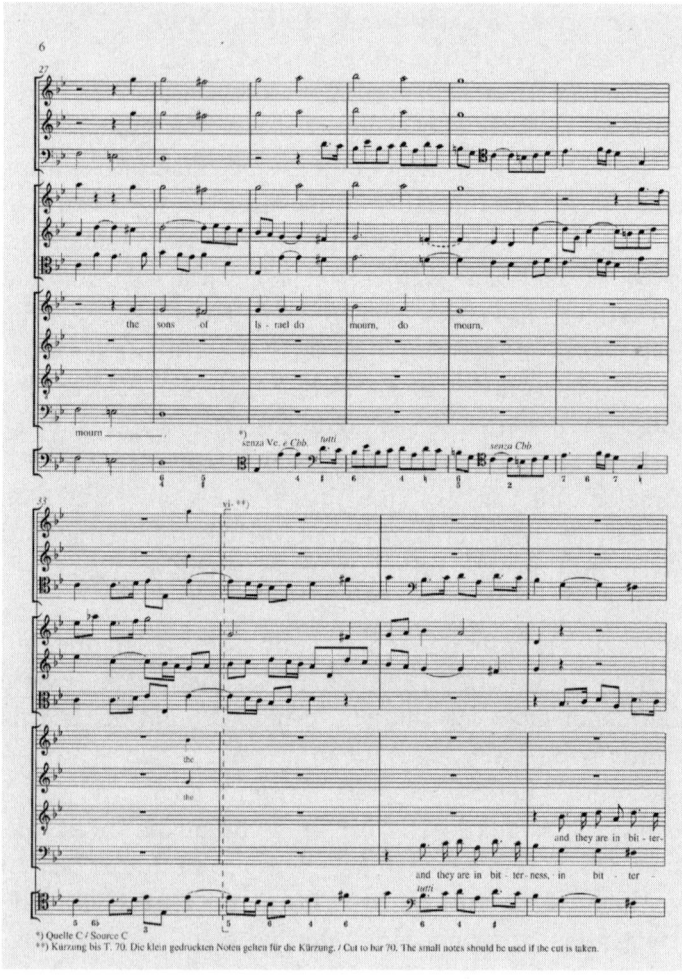

Notenbeispiel 3: The sons of Israel, Takte 17–26, mit dem Cantus firmus im Bass und den bewegten Nebenthemen in der Instrumentalbegleitung (HHA I/14, 5).

Der Text zu diesem Teil stammt aus den Klageliedern Jeremiae 1,4 und 11:

> 4 The ways of Zion do mourn, because none come to the
> solemn feasts: all her gates are desolate: her priests
> sigh, her virgins are afflicted, and she is in bitterness.
> 11 All her people sigh, they seek bread; they have given
> their pleasant things for meat to relieve the soul: see,
> O LORD, and consider; for I am become vile.

„and hang down their heads to the ground" stammt aus 2,10:

> the virgins of Jerusalem hang down their heads
> to the ground.

Das Verfahren eines freien Umgangs mit der Bibel und der Montage inhaltlich passender Passagen aus verschiedensten Texten ist für das englische Anthem typisch; seltener werden zusammenhängende Texte verbatim in Musik gesetzt.[47] Eine Anthem-Dichtung wie das *Funeral Anthem* war ein anspruchsvolles Werk, ein theologisches Virtuosenstück, das intime Bibelkenntnisse und exegetische Fähigkeiten voraussetzte.

Nr. 3 How is the mighty fall'n

Der Text des zweiten unmittelbar anschließenden Chors ist aus der Klage Davids um die in der Amalekiterschlacht gefallenen Saul und Jonathan (2 Sam 1,19) und den Klageliedern des Jeremia (Klgl 1,1) genommen:

The beauty of Israel is slain upon thy high places:
how are the mighty fallen!

How doth the city sit solitary, that was full of people!
how is she become as a widow! she that was great
among the nations, and princess among the provinces,
how is she become tributary.

Der Abschnitt trägt die Tempobezeichnung Più Allegro. Er beruht auf dem ständig in verschiedenen Stimmen und verschiedener Form wiederholten Quartabgang d"-a' in einem scharf punktierten und durch die Sechzehntel-Pausen stockend wirkenden Rhythmus. Wir begegnen hier dem Motiv des stockenden Herzschlags in seiner punktierten Form, in der es dann noch einmal im dritten Teil, im Chor „The people shall hear" vorkommt.

𝄢 Ab Takt 8 erscheint dieser Abgang in chromatischer Form und wirkt darin noch schmerzlicher. „How is – the migh- – ty fall'n!"

Notenbeispiel 4: Nr. 3 „How is the mighty fall'n":
Das chromatische Klagemotiv.

Diese Figur zieht sich durch alle 74 Takte dieses Abschnitts, kein einziger Takt fällt aus diesem Rahmen, ein ungeheures rhythmisches Ostinato. Der chromatische oder diatonische Quartfall ist die älteste, seit Monteverdi immer wieder verwendete Klageformel überhaupt. Meist tritt sie im Bass auf, der daher als „Lamento-Bass" bezeichnet wird; hier aber bestimmt sie die Gesamtstruktur in allen Stimmen. Davids Klage um Saul und Jonathan hat Händel auch in *Saul*, in einem Chor und drei Arien, vertont, dabei aber diese Phrase ausgelassen.

𝄢: Das rhythmische Motiv der Begleitung erscheint ähnlich ostinat in dem Chor „The People shall hear" im dritten Teil und hat dort eine andere Bedeutung. Inhaltlich geht es in diesem Chor um die Bewegung des vom Roten Meer nach Kanaan wandernden Volks und die Furcht und das Entsetzen, von dem die dabei durchquerten Völker ergriffen sind.

Nr. 4 He put on righteousness

Der dritte Abschnitt basiert textlich auf Hiob 29,14, mit Transposition der 1. Person Singular in die 3. Person femininum (Anthem) bzw. maskulinum (*Israel in Egypt*):

> I put on righteousness, and it clothed me:
> my judgment was as a robe and a diadem.
> „Ich bekleidete mich mit Gerechtigkeit, /
> wie Mantel und Kopfbund umhüllte mich mein Recht."

Die Tonart bleibt g-Moll, die Tempobezeichnung ist „Tempo ordinario", worunter wir uns wohl ein gemäßigtes Allegro, jedenfalls ein gegenüber dem Vorhergehenden schnelleres

Tempo vorstellen dürfen. Es handelt sich um eine vierstimmige, in 51 Takten sehr streng durchgeführte Fuge, in der das Hauptthema ständig präsent ist, oft zusammen mit einem Kontrasubjekt.

Notenbeispiel 5: Nr. 4, He put on righteousness,
Takte 14–17, nach HHA I/14,21.

Nr. 5 When the ear heard him

Mit dem nächsten Abschnitt wechselt die Tonart (B-Dur) und die Stimmung vom Klagenden ins Lieblich-Pastorale. Als Tempo ist Andante Larghetto vorgeschrieben, ein beschwingtes Larghetto bzw. ein getragenes Andante. Statt des Chores treten, wie in der Partitur eigens vermerkt, vier Solisten auf, zuerst Sopran und Alt, dann Tenor und Bass, zuletzt alle vier Stimmen zusammen. Die Duett-Partien schwelgen in parallelen Terzen, der gesamte bezaubernde Satz ist eher homophon gehalten und nähert sich dem damals modernen „galanten" Stil der neapolitanischen Schule. Der Text stammt wiederum aus Hiob 29,11, mit Transposition der 1. in die 3. Person Singular. Im Liebesmotiv der parallelen Terzen kommt die Liebe zum Ausdruck, die jeden ergriff, der ihn bzw. sie sah und hörte, ein Motiv, das gut auf den biblischen Joseph passt, auch wenn es Hiob ist, der sich dessen rühmt:

When the ear heard me, then it blessed me;
and when the eye saw me, it gave witness to me.
„Denn wessen Ohr mich hörte, der pries mich glücklich,
und wessen Auge mich sah, der rühmte mich."

Nr. 6 How is the mighty fall'n
Der vierte Abschnitt, ein homophoner deklamatorischer Block von nur 14 Takten, greift textlich noch einmal auf 2 Sam 1,19 zurück. Die Tonart ist wieder g-Moll (der Satz beginnt mit der Subdominante c-Moll und endet auf der Dominante D-Dur), mit zwei verminderten Septimakkorden, von denen der erste (Takt 3) als eine Pseudodominante (anstelle von C-Dur) sich nach f-Moll, der zweite (Takt 6) anstatt nach D-Dur nach G-Dur auflöst. Zwei kühne, schmerzliche Akkord-Rückungen: Wir sind zurück in der Stimmung der Klage. Takt 15 ist als eine Generalpause notiert. Ein solcher Pausentakt ist nur sinnvoll, wenn ein nahtloser Anschluss attacca gemeint ist. Diese Form, eine monumentale, blockhaft-homophone Chor-Deklamation in repetierenden Tonschritten, gefolgt von einer großen Chorfuge, kommt in allen drei Teilen des Oratoriums immer wieder vor. Händel verwendete sie bereits in dem Wedding-Anthem *This is the Day* von 1734 (zur Heirat von Prinzessin Anne mit Willem von Orange-Nassau) in dem Satz „We will remember thy name", als Einleitung eines erst im weiteren Verlauf als Fuge gestalteten Chorsatzes.[48] Dieses Anthem entfaltet (wie schon die Krönungs-Anthems zur Krönung Georg II. 1727) im Vergleich zu Händels älteren Werken dieser Gattung in Umfang und Besetzung eine besondere Pracht, wie sie dem repräsentativen Charakter ei-

ner herausragenden Staatsaktion entspricht. Darauf bauen die Oratorien auf. Auch hier im *Funeral Anthem* bzw. Teil I allerdings folgt keine Fuge, sondern ein großartiger Chorsatz, der zunächst ebenfalls homophon beginnt und sich erst im weiteren Verlauf zu einer Choralphantasie und schließlich zu einer Fuge entwickelt.

Nr. 7 He deliver'd the poor that cried
Textlich schließt der nächste Abschnitt an mit Vers 12 aus Hiob, Kap. 29:

> 12 Because I delivered the poor that cried,
> and the fatherless, and him that had none to help him.
> „Denn ich rettete den Armen, der schrie, /
> die Waise, die ohne Hilfe war."

Und fährt mit Zitaten aus Sirach und dem Philipperbrief fort:

> Kindness, meekness and comfort were her tongue
> (frei nach Sirach 36,28); if there was any virtue, and
> if there was any praise, she thought on those things
> (Philipper 4,8).

> „Großmut, Güte und Trost war in seinem Mund;
> wo da eine Tugend, ein Lob war, dem sann er nach."
> Vgl. Was immer wahrhaft, edel, recht, was lauter,
> liebenswert, ansprechend ist, was Tugend heißt und
> lobenswert ist, darauf seid bedacht! (Philipper 4,8)

Notenbeispiel 6: Nr. 7, He deliver'd the poor that cried, Takte 19–34, mit zweistimmigem Cantus firmus („Du Friedefürst, Herr Jesu Christ"), nach HHA I/14, 36.

Der Satz ist homophon, das Motiv ist aus der Choralmelodie „Du Friedefürst, Herr Jesu Christ" abgeleitet, die ab Takt 23 zunächst einstimmig im Sopran, dann auch zweistimmig im geteilten Sopran als Cantus firmus einsetzt. Hiobs Selbstlob als Nothelfer der Armen und Vaterlosen legt Händel diesen Choral mit dem Lob Christi als des wahren Nothelfers nahe:

> Du Friedefürst, Herr Jesu Christ,
> wahr Mensch und wahrer Gott,
> ein starker Nothelfer du bist
> im Leben und im Tod,
> drum wir allein im Namen dein zu deinem Vater schreien.

Die Choralmelodie übernimmt Händel vollständig. Der Chor gehört mit 140 Takten zu den längsten des ganzen Oratoriums. Die Tonart ist B-Dur, das Tempo Andante. Mit seinem zweistimmigen Cantus firmus über einem homophonen, sehr prägnant artikulierten Chorsatz ist dieser Chor ein besonderes, originelles Werk. In der ständigen Wiederholung von „the fatherless" glaubt man Händel, den Wohltäter des Foundling Hospital, zu hören. Es liegt auf der Hand, dass Händel diesen Chor auch in sein Anthem für das Foundling Hospital (1749) aufgenommen hat. Er schließt dort an einen homophonen, blockhaften, durchaus choralartigen, aber keine bekannte Choralmelodie verwendenden Eingangschor von 15 Takten Länge an („Blessed are they who consider the poor"), geht aber nach 38 Takten in einen ganz anderen zweiten Teil über, der als Cantus firmus die vollständige Choralmelodie „Aus tiefer Not schrei ich zu dir" im Sopran mit den beiden Oboen über die imitatorisch bewegten unteren Stimmen und Streicher legt.[49]

Nr. 8 How is the mighty fall'n
Der nächste Abschnitt ist eine etwas abgewandelte Reprise von Nr. 6, wiederum in 14 Takten mit dem 15. als Generalpause, in blockhaft homophoner Deklamation.

𝄢 Da dieser Abschnitt den Text des zweiten und vierten wiederholt, ergibt sich textlich, nicht musikalisch, eine Komposition, die die ersten sieben Abschnitte enger zusammenbindet:

> (3) How is the mighty fall'n!
>   (4) He put on righteousness …
>   (5) When the ear heard him …
> (6) How is the mighty fall'n
>   (7) He deliver'd the poor that cried
> (8) How is the mighty fall'n

Der Vers aus 2 Sam 1,19 bildet den Rahmen für die drei Verse aus Hiob 29, die den bzw. die Verstorbene(n) näher charakterisieren: als gerecht, wohlgefällig und wohltätig. In textlicher Hinsicht geht hier in der Tat ein erster Teil des Anthems zu Ende. Die folgenden fünf Abschnitte stehen nicht mehr im Zeichen der Trauer, sondern der Verheißung des ewigen Lebens, das den Gerechten beschieden ist. In musikalischer Hinsicht aber geht es nahtlos weiter: Wieder folgt ein Pausentakt, also ist auch hier nahtloser Anschluss geplant. Außerdem endet Nr. 8 wie Nr. 6 auf der Dominante (D-Dur), die nach Fortsetzung in g-Moll verlangt. Vgl. 2 Samuel 1,19–27, wo der Satz „How are the mighty fallen!" ebenfalls dreimal auftritt (19,25,27).

Nr. 9 The righteous shall be had in everlasting remembrance

In der Tonart g-Moll steht denn auch der folgende Abschnitt. Er beginnt jedoch mit einem Ritornello von 24 Takten Länge, also einem regelrechten Vorspiel, das denn doch auch musikalisch das Folgende als einen zweiten Teil abhebt. Obwohl nicht eigens Soli in der Partitur angegeben sind, möchte man ihn genau wie Nr. 5 zunächst als Solistenquartett verstehen, denn er beginnt ebenfalls als Duett (Alt und Tenor, dann Sopran und Bass) in parallelen Terzen und Sexten. Erst ab Takt 67, wenn alle vier Stimmen einsetzen, ist aufgrund der blockhaft homophonen Satzart unbedingt der ganze Chor gemeint. Der langsame 3/2 Takt mit dem Gewicht auf der zweiten Taktzeit erinnert an eine Sarabande oder Polonaise, der schwingende punktierte Rhythmus erhöht den Eindruck des Tänzerischen.[50] Das Orchester spielt die im Ritornell begonnenen Motive unbeirrt weiter und bildet einen sehr reizvollen Kontrast zu der Motivik der Singstimmen.

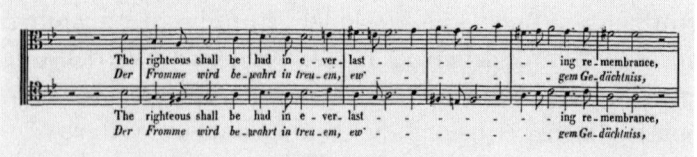

Notenbeispiel 7: Nr. 8 „The righteous shall be had",
Chrysander-Ausgabe Bd. 11, 48.

Der Text verbindet Psalm 112,6 und Daniel 12,3:

> Psalm 112
> A good man sheweth favour, and lendeth:
> he will guide his affairs with discretion.
> Surely he shall not be moved for ever:
> the righteous shall be in everlasting remembrance.

> „Wohl dem Mann, der gütig und zum Helfen bereit ist, /
> der das Seine ordnet, wie es recht ist.
> Niemals gerät er ins Wanken; /
> ewig denkt man an den Gerechten."

> Daniel 12,2–3
> And many of them that sleep in the dust of the earth shall awake, some to everlasting life, and some to shame and everlasting contempt.
> And they that be wise shall shine as the brightness of the firmament; and they that turn many to righteousness as the stars for ever and ever.

> „Von denen, die im Land des Staubes schlafen, werden viele erwachen, die einen zum ewigen Leben, die anderen zur Schmach, zu ewigem Abscheu.
> Die Verständigen werden strahlen, wie der Himmel strahlt; und die Männer, die viele zum rechten Tun geführt haben, werden immer und ewig wie die Sterne leuchten."

Nr. 10a–d Their bodies are buried in peace

Der nächste Abschnitt besteht aus zwei kontrastierenden Teilen, die in leichter Variation wiederholt werden, insgesamt also aus vier Abschnitten. Der erste Teil (20 Takte + 1 Takt Generalpause) auf den Text „their bodies are buried in piece" ist in f-Moll, der mit Tod assoziierten Tonart; die Tempobezeichnung ist Grave e piano.

𝄢 Der zweite Teil auf den Text „but their name liveth evermore" ist Forte und Allegro überschrieben, steht in F-Dur und ist madrigalesk beschwingt. Der Text ist aus Sirach 44,14:

> 13 Their seed shall remain for ever,
> and their glory shall not be blotted out.
> 14 Their bodies are buried in peace;
> but their name liveth for evermore.

> „Ihre Nachkommen haben für immer Bestand, /
> ihr Ruhm wird niemals ausgelöscht.
> Ihr Leib ist in Frieden bestattet, /
> ihr Name lebt fort von Geschlecht zu Geschlecht."

Beim zweiten Mal setzt Teil 1 gar in Des-Dur/b-Moll ein und endet wie der erste in C-Dur, der Dominante zu f-Moll. Auch die Wiederholung von Teil 2 ist leicht abgewandelt, hält aber auch den Umfang von 37 Takten. In seiner Form mit dem Pausentakt entspricht Teil 1 bzw. 3 genau den Abschnitten Nr. 6 und Nr. 8, ist aber weniger blockhaft-deklamatorisch konzipiert.

In der Aussage entspricht dieser Vers vollkommen der altägyptischen Weisheit:

> Die Ma'at (Gerechtigkeit) aber wird ewig sein.
> Sie steigt an der Hand dessen, der sie übte,
> ins Totenreich hinab.
> Er wird begraben und vereint sich der Erde;
> sein Name aber wird nicht ausgelöscht werden
> auf Erden,
> sondern man gedenkt seiner wegen der Tugend.[51]

Wer im Sinne der Gerechtigkeit gelebt hat, dessen Name wird im Gedächtnis der Nachwelt weiterleben.[52]

Nr. 11 The people will tell of their wisdom

Der folgende Abschnitt beginnt wieder *grave* mit einem blockhaft-homophonen Satz in d-Moll auf den Text „the people will tell of their wisdom", der aber schon nach vier Takten wiederum auf der Dominante (A-Dur) endet. Dann setzt „A tempo ordinario" eine großartige, streng durchgeführte vierstimmige Chorfuge auf den Text „and the congregation will shew forth their praise" ein (wie Nr. 5), in der ebenfalls das Thema ständig in verschiedenen Formen präsent ist. Diese Fuge stellt eine freie Choralvariation über den Choral „Herr Jesu Christ, ich weiß gar wohl" dar, dessen erste Zeile in Takt 8 im Bass als Cantus firmus einsetzt, vom Tenor in Takt 12 und vom Alt in Takt 15 aufgenommen wird.

Notenbeispiel 8: Nr. 11 „And the congregation will show forth their praise", nach Chrysander-Ausgabe XI, The Ways of Zion do mourn, 66, Takte 7–17, Einsatz des Cantus firmus im Bass (Takt 8), dann Tenor (Takt 12) und Alt (Takt 15).

Der Text setzt das Zitat aus Sirach 44 fort und schließt einen Vers aus der Weisheit Salomonis, einem noch späteren deuterokanonischen Weisheitsbuch, an.

> The people will tell of their wisdom, and the congregation will shew forth their praise (Sirach 44,15).
> Their reward also is with the Lord, and the care of them is with the Most High (Wisdom of Solomon 5,15).

> „Von ihrer Weisheit erzählt die Gemeinde, /
> ihr Lob verkündet das versammelte Volk" (Sirach 44,15).
> „Der Herr belohnt sie, der Höchste sorgt für sie"
> (Weisheit 5,15).

Nr. 12 They shall receive a glorious kingdom

Der nächste Abschnitt ist wieder wie Nr. 5 explizit für vier Solisten notiert. Der Text fährt mit der Weisheit Salomonis (5,16) fort:

> Therefore shall they receive a glorious kingdom, and a beautiful crown from the Lord's hand: for with his right hand shall he cover them, and with his arm shall he protect them.

> „Darum werden sie aus der Hand des Herrn /
> das Reich der Herrlichkeit empfangen und die Krone der Schönheit. Denn er wird sie mit seiner Rechten behüten /
> und mit seinem Arm beschützen" (Weisheit 5,16).

Notenbeispiel 9: Nr. 12, „they shall receive".

Der Satz ist als eine lockerer angelegte vierstimmige Fuge gebaut. Der Tenor beginnt mit dem Hauptthema, der Alt fällt mit einem Kontrasubjekt ein, fährt mit einem dritten Thema fort und bringt auf die Worte „and a beautiful crown" ein weiteres, das Wort „beautiful" wiederholendes und betonendes Motiv.

Notenbeispiel 10: Nr. 12, „beautiful".

Wie so oft bei Händel, dem Musikdramatiker, ist die melodische Gestalt dieser Themen ganz aus der Semantik der Schlüsselworte entwickelt: der expressive Oktavsprung auf „a glo-(rious)" in Thema I, die melismatische Dehnung des Wortes „glorious" in Thema II und die dreimalige Wiederholung des Wortes „beautiful" mit der empfindsamen Wendung zur Subdominante F-Dur. Aus diesen Bausteinen ist die Fuge zusammengesetzt. Das Orchester beginnt *Larghetto e piano* mit einem 14-taktigen Vorspiel, das sich in paarweise gebundenen, teils in parallelen Sexten und Terzen, teils in imitatorischer Verschränkung geführten Achteln bewegt, und fährt mit Einsetzen der Singstimmen zurückhaltender, mit Pausen, und dann, wenn sich der Satz zur Vierstimmigkeit verdichtet, *colla parte* mit den Singstimmen fort, bis es zuletzt in einem 8-taktigen Nachspiel wieder mit seiner nun ganz in parallelen Sexten und Terzen geführten Achtelbewegung endet.

Nr. 13 The merciful goodness of the Lord

Den Abschluss des Anthems bzw. des ersten Teils des Oratoriums bildet ein im Wesentlichen homophoner, andächtig-monumentaler Satz. Die Tempobezeichnung ist „Largo", die Tonart kehrt wieder nach g-Moll, der Grund-Tonart des Anthems zurück. Der Abschnitt teilt sich in drei Teile. Das Vorspiel von acht Takten bewegt sich mit seinen punktierten Rhythmen in der Form einer französischen Ouvertüre. Dann, mit Einsetzen des Chors, geht aber das Orchester in eine repetierende Achtelbewegung über. Der zweite Teil von 12 Takten, der wiederholt wird, also 24 Takte zählt, beschreibt genau denselben Wechsel. Die ersten acht Takte greifen wieder, auf den Text „the merciful goodness of the Lord endureth forever on them that fear him", in kurzen, prägnanten Formeln den punktierten Rhythmus auf, in den folgenden vier Takten fächern sich auf den Text „and his righteousness on children's children" die Singstimmen imitatorisch auf, und das Orchester verfällt wieder in repetierende Achtel. Der dritte Teil ist ein 12-taktiges Orchester-Nachspiel, das die prägnanten Formeln des zweiten Teils aufgreift und zu Ende führt.

Der Text ist aus Psalm 103,15ff.

> As for man, his days *are* as grass:
> as a flower of the field, so he flourisheth.
> For the wind passeth over it, and it is gone;
> and the place thereof shall know it no more.
> But the mercy of the LORD is from everlasting
> to everlasting upon them that fear him,
> and his righteousness unto children's children.

„Des Menschen Tage sind wie Gras, /
er blüht wie die Blume des Feldes.
Fährt der Wind darüber, ist sie dahin; /
der Ort, wo sie stand, weiß von ihr nichts mehr.
Doch die Huld des Herrn währt immer und ewig /
für alle, die ihn fürchten und ehren;
sein Heil erfahren noch Kinder und Enkel"
(Ps 103,15–17).

Hier geht es um den Gegensatz zwischen Vergänglichkeit des Menschen und Unvergänglichkeit des Gerechten. Gottesfurcht erscheint hier – genau wie das Prinzip Ma'at „Gerechtigkeit" in Ägypten – als Garant der Unvergänglichkeit.

Das *Funeral Anthem* für Königin Caroline ist eine Verbindung von Totenklage und Eulogie. Die ersten sieben Nummern oder Abschnitte stehen im Zeichen der Klage und sind aus berühmten Klagetexten des Alten Testaments zusammengestellt: die Klage um das zerstörte Jerusalem aus den Klageliedern Jeremiae, die sich leicht auf die Klage um einen verstorbenen Menschen umdeuten ließ, und die Klage Davids um Saul und Jonathan, seinen Herzensfreund, die in der Schlacht gefallen sind. „How are the mighty fallen" passt gut auf die in der Schlacht gefallenen Krieger, weniger aber auf die Königin Caroline und auch auf Joseph, die ja nicht in der Schlacht „gefallen", sondern eines friedlichen Todes gestorben sind. Auch passt der Plural nicht, der sich in Davids Klage auf die Gefallenen der Amalekiterschlacht bezieht. Händel hat allerdings an der Wahl dieses Zitats durch Edward Willes keinen Anstoß genommen, sondern sich gerade hierfür eine großartige und ungeheuer einprägsame Vertonung einfallen lassen. Umso eigenartiger ist es dann allerdings, dass er sie nicht aufgegriffen hat, als es im Oratorium *Saul* darum ging, genau diese Klage in ihrem eigentlichen Zusammenhang zu vertonen. Vielleicht wollte er dieses Stück nicht aus dem Zusammenhang des Anthems herausreißen, das sich aber in ganzer Länge doch nicht – entgegen Händels ursprünglichem Plan – in das Oratorium einbauen ließ.

♪: Die Eulogie wiederum basiert auf sehr späten Texten der Weisheitsliteratur, die z.T. auch einigermaßen abgelegen sind und nicht zum mainstream der biblischen Zitate gehören. Das gilt vielleicht nicht für Hiob 29,11–14, Daniel 12,3 und Psalm 103 und 112, auf jeden Fall gilt es aber für die Verse aus den apokryphen Büchern Jesus Sirach 44,13–15 und der Weisheit Salomonis 5,16–17. Aber auch die kanonischen Texte (Hiob, Daniel, Psalmen) sind sehr spät. Der Grund dafür, für den eulogischen Teil so späte Zitate heranzuziehen, liegt in den darin zum Ausdruck kommenden Jenseitshoffnungen. Den klassischen, d.h. vorhellenistischen Texten des Alten Testaments ist die Aussicht auf ein ewiges Leben in einem gottesnahen Jenseits bekanntlich vollkommen fremd, in Übereinstimmung mit den mesopotamischen, aber in starkem Gegensatz zu den ägyptischen Jenseitsvorstellungen. Die Aussicht auf ein ewiges Leben in einem himmlischen Jenseits musste aber in christlichem Kontext, der von dieser Idee geprägt ist, unbedingt vorkommen. So ergibt sich die Verbindung von Gerechtigkeit und

Unsterblichkeit, die in der altägyptischen Kultur mit der Idee des Totengerichts verankert ist[53] und sich im Hellenismus auch im frühen Judentum verbreitet hat, genauer bei den Pharisäern, während die Sadduzäer die Idee eines ewigen Lebens weiterhin ablehnten. Für die Totenklage um Joseph, der in Ägypten stirbt und nach ägyptischem Ritus beweint und einbalsamiert wird, eignete sich diese Verbindung einer gerechten, wohlgefälligen und wohltätigen Lebensführung mit dem Lohn der Unvergänglichkeit ausgezeichnet. Diese Verbindung ist denn auch nicht erst das Ergebnis neuerer ägyptologischer Forschung, sondern war aus antiken Quellen bekannt, die Abbé Terrasson in seinem berühmten, 1732 ins Englische übersetzten Roman anlässlich der Beisetzung der Königin Nephthé verwendet und höchst eindrucksvoll ausgestaltet hat.[54] Dort findet sich eine ausführliche Beschreibung des Totengerichts sowie die typische Verbindung von Totenklage und Eulogie. Terrasson war Professor für Griechisch am Collège de France und Herausgeber der Bibliotheca Historica des Diodor, die die ausführlichste Beschreibung des Totengerichts enthält.

𝄢 Die folgende Übersicht stellt noch einmal den Oratorientext und die biblischen Quellen zusammen:[55]

Nr.	**Oratorium Part I**	**Übersetzung**[56]
2	The sons of Israel do mourn, and they are in bitterness;	Die Söhne Israels trauern und sie sind voll Bitterkeit;
	All the people sigh,	Alles Volk seufzt
	and hang down their heads to the ground	Und senkt die Köpfe zu Boden.
3	How is the mighty fall'n!	Wie ist der Mächtige gefallen!
	He that was great among the peoples and ruler of the provinces.	Er, der groß war unter den Völkern und Herrscher der Provinzen!
4	He put on righteousness, and it cloathed him; his judgment was a robe and a diadem.	Er legte Gerechtigkeit an und sie kleidete ihn; sein Urteil war eine Robe und ein Diadem.
5	When the ear heard him, then it blessed him, and when the eye saw him, it gave witness of him.	Wenn das Ohr ihn hörte, segnete es ihn, und wenn das Auge ihn sah, gab es Zeugnis für ihn.

Text der King James Version

The ways of Zion do mourn, because none come to the solemn feasts; all her gates are desolate: her priests sigh, her virgins are afflicted, and she is in bitterness (Lam 1:4);
All her people sigh, they seek bread; they have given their pleasant things for meat to relieve the soul: See, o Lord, and consider; for I am become vile (Lam 1:11).
The elders of the daughter of Zion sit upon the ground, and keep silence: they have cast dust upon their heads; they have girdled themselves with sackcloth: the virgins of Jerusalem hang down their heads to the ground (Lam 2:10).

The beauty of Israel is slain upon the high places: how are the mighty fallen! (2 Sam 1:19)
How are the mighty fallen in the midst of the battle! O Jonathan, thou wast slain in thine high places.
How are the mighty fallen, and the weapons of war perished! (2 Sam,27)
How doth the city sit solitary, that was full of people! How is she become a widow! She that was great among the nations, and princess among the provinces, how is she become tributary! (Lam 1:1)

I put on righteousness, and it cloathed me: my judgment was a robe and a diadem (Job 29:14).

When the ear heard me, then it blessed me, and when the eye saw me, it gave witness of me (Job 29:11).

6	How is the mighty fall'n	
7	He deliver'd the poor that cried, the fatherless, him that had none to help him. Kindness, meekness and comfort was in his tongue. If there was any virtue, and if there was any praise, he thought on those things.	Er errettete den Armen, der schrie, der Waisen und half dem, dem niemand half. Güte, Bescheidenheit und Trost war in seinem Mund; wo da eine Tugend, ein Lob war, dem sann er nach.
8	How is the mighty fall'n	
9	The righteous shall be had in everlasting remembrance, and the wise will shine as the brightness of the firmament.	Der Gerechte wird bewahrt in ewigem Gedächtnis, und der Weise so leuchten wie die Klarheit des Firmaments.
10a/c	Their bodies are buried in peace:	Ihr Leib kommt im Grabe zur Ruh',
10b/d	but their name liveth evermore	aber ihr Name währet allezeit
11	The people will tell of their wisdom, and the congregation will shew forth their praise their reward also is with the Lord, and the care of them is with the most high.	Das Volk wird von ihrer Weisheit erzählen, und die Gemeinde ihr Lob verbreiten; sie werden von dem Herrn belohnt, und der Höchste sorgt für sie.

s.o.

Because I deliver'd the poor that cried, and the fatherless, and him that had none to help him (Job 29:12). If there be kindness, meekness, and comfort in her tongue, then is not her husband like other men (Ecc 36:25).
If there be any virtue, and if there be any praise, think on these things (Phil 4:8).

s.o.

For he shall never be moved: The righteous shall be had in everlasting remembrance (Ps 112:6).
and they that be wise shall shine as the brightness of the firmament; and they that turn many to righteousness as the stars for ever and ever. (Dan 12,3).

Their bodies are buried in peace (Ecc 44:14):

but their name liveth evermore (Ecc 44:14).

The people will tell of their wisdom,
And the congregation will shew forth their praise (Sir 44,15)
But the righteous live for evermore; their reward also is with the Lord, and the care of them is with the most high (Sap 5:15).

12	They shall receive a glorious kingdom and a beautiful crown from the Lord's hand.	Sie werden ein herrliches Königreich empfangen und eine schöne Krone aus der Hand des Herrn.
13	The merciful goodness of the Lord endureth for ever on them that fear him, and his righteousness upon children's children	Die barmherzige Güte des Herrn bleibt ewig bei denen, die ihn fürchten und seine Gerechtigkeit bei Kindeskindern.

Zweiter Teil: Exodus

Abkürzungen:
Pk = Pauke, Fag = Fagott, Tromp = Trompete,
Pos = Posaunen, B.c. = Basso continuo

Nr.	Form	Incipit	Tonart	Taktart
14a	Rezitativ	Now there arose	F	C
14b	Doppelchor	And the children of Israel	c	¾
15a	Rezitativ	Then sent he Moses		
15b	Chor	They loathed to drink	g	C
16	Arie	The land brought forth frogs	Es	¾
17	Doppelchor	He spake the word	B	C
18	Doppelchor	He gave them hailstones	C	¾

Therefore they shall receive a glorious kingdom, and a beautiful crown from the Lord's hand; for with his right hand shall he cover them, and with is arm shall he protect them (Sap 5:16).

But the merciful goodness of the Lord endureth for ever and ever on them that fear him, and his reighteousness upon children's children (Ps 113:17).

Tempo	Anzahl Takte	Bläser	Streicher	Pk
	6		B.c.	
Largo	89	Ob I+II, Fag	4st	
Largo assai	42		4st	
Andante	90		Viol I+II, Cont.	
Andante larghetto	41	3 Pos, Ob I+II, Fag	4st	
Allegro	92	2 Pos, 2 Tromp, Ob I+II, Fag	4st	+

Nr.	Form	Incipit	Tonart	Taktart
19	Chor	He sent a thick darkness	?	C
20	Chor	He smote all the firstborn	a	C
21	Chor	But for his people	G	¾
22	Chor	Egypt was glad Ab T 26	a	C
22a	Einlagearie	Through the Land	C	C
23a	Doppelchor	He rebuked the Red Sea	C–g	C
23b	Doppelchor	He led them through	Es–g	C
23c	Einlagearie	Angelico splendor	B	¾
23d	Chor	But the waters	c	C
24a	Doppelchor	And Israel saw	As–G	C
24b	Chor	And believed	c	½

Nr. 14a Rezitativ Now there arose

Der zweite Teil, aus dem später – und in vielen Aufführungen bis heute – der erste Teil wurde, beginnt mit einem kurzen Rezitativ, in dem der Tenor als Erzähler auftritt und in wenigen Worten von der Unterdrückung der Kinder Israels in der ägyptischen Knechtschaft berichtet. Die Gattung des Anthem kennt keine Secco-Rezitative. Hier folgt Händel offenbar einer anderen Formidee, der deutschen Passion.[57] Der darauf folgende Chor spielt mit dem Zitat des Passions-

Tempo	Takte	Bläser	Streicher	Pk
Largo	37	Fag	4st	
A tempo giusto e staccato	72	3 Pos, Ob I+II, Fag I+II	4st	
Andante	168	Ob I+II, Fag I+II	4st	
A tempo giusto	72	Ob I+II, Fag I+II	B.c.	
		Dazu 3 Pos	4st	
Andante	66 (172 mit d.c.)	Ob I–II	4st	
Grave e staccato	8	Ob I+II, Fag I+II	4st	
A tempo giusto	32	Ob I+II, Fag I+II	4st	
	135+98		Viol unisono+B.c.	
A tempo giusto	35	Ob I+II	4st	+
Grave	11	Ob I+II, Fag I+II	4st	
Larghetto	61	Ob I+II, Fag	4st	

chorals „Christ lag in Todesbanden" in aller Deutlichkeit auf die Passionsgeschichte an.

Nr. 14b And the children of Israel sighed

Der Eingangschor des zweiten Teils ist eine große achtstimmige Choralphantasie. Das Orchester ist wie im ersten Teil zusammengesetzt, nur dass hier zu den zwei Oboen noch Fagotte vorgeschrieben sind, deren Stimme nicht mit dem Continuo-Bass mitgeht, sodass also ein dreistimmiger Bläser-Satz dem vierstimmigen Streichersatz gegenübergestellt wird. Der Gesang setzt zunächst mit einem Alt-Solo ein: „and the children of Israel sighed, sighed, sighed, by reason of the bondage", eine Melodie in einem in halben und Viertelnoten wiegenden 3/2 Takt, die sich zur Quinte aufbäumt und dann gleichsam ermattet absinkt, die Seufzer – „sighed, sighed" – durch Pausen getrennt.

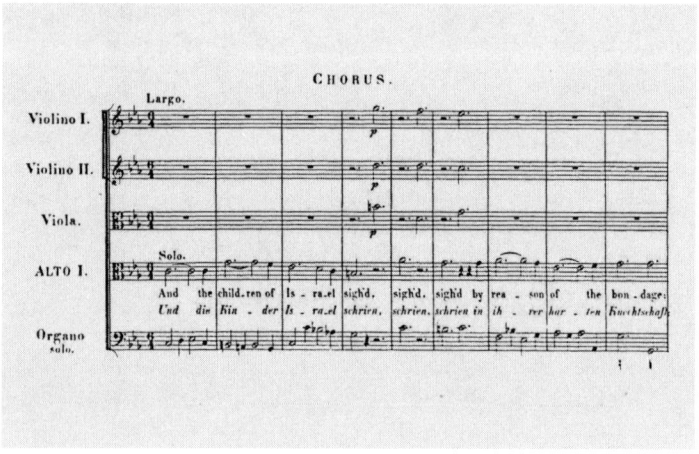

Notenbeispiel 11: Nr. 14 „And the children of Israel sighed" Takte 1–9, nach Chrysander-Ausgabe Bd. 16, 1.

Im weiteren Verlauf taucht dieses Thema des Öfteren wieder auf, dann aber in der Unterquart zu einem Oktavsprung ansetzend. Dem Solo antworten die Streicher und Fagott mit einer Fuge, die etwas bewegter, in Vierteln dahinschreitet und über die Sopran und Alt in langen Noten einen Cantus firmus legen, der aber schon nach fünf Takten abbricht: „and their cry came up unto God". Das bewegtere Thema entnimmt Händel einer Choralphantasie Zachows über „Christ lag in Todesbanden", den Choral, dessen erste Zeile Händel wenig später auch in seinem Chor als Cantus firmus erklingen lässt.[58]

Notenbeispiel 12: F. W. Zachow Choralphantasie „Christ lag in Todes Banden"[59].

Notenbeispiel 13: Nr. 14, Takte 10–17 „And their cry came up unto God",
nach HHA I/14, 90.

Dann erst setzt der volle, doppelchörig aufgestellte Chor ein, der das Fugenthema aufgreift und mit der ruhig und großflächig schwingenden Bewegung verbindet. In Takt 38 stimmen Tenor I und Alt II den Cantus firmus wieder an und führen jetzt in acht Takten die Phrase zu Ende, die als der Anfang des Chorals „Christ lag in Todesbanden" erkennbar wird.

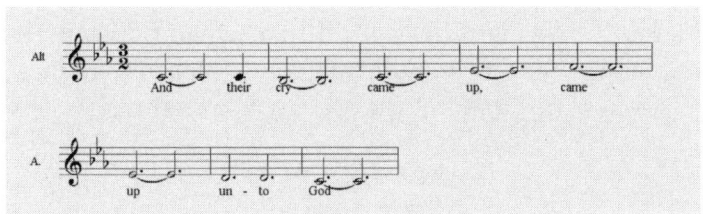

Notenbeispiel 14: Die Choralmelodie im Alt II, Takte 38–46.

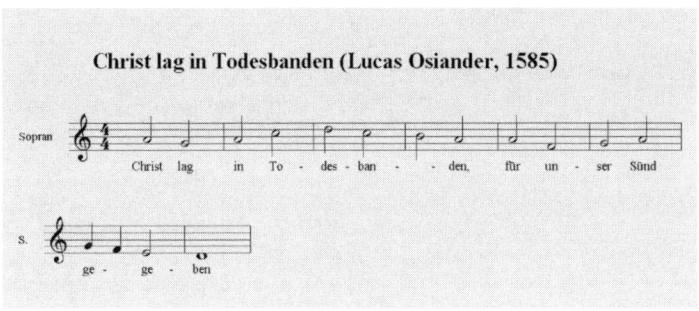

Notenbeispiel 15: Christ lag in Todesbanden, nach Lucas Osiander.

So geht es weiter in einem Satz, der die zurückhaltende Polyphonie der Fuge in Viertelnoten mit der Homophonie der langen Notenwerte verbindet, bis sich die Homophonie durchsetzt und mit der 8-taktigen Choralmelodie schließt. Genau wie im ersten Chor des ersten Teils (The Sons of Israel do mourn), wird auch hier der Choral („Christ lag in Todesbanden") nur mit seiner ersten Zeile zitiert (dort: „Herr Jesu Christ, ich weiß gar wohl").

𝄢 Händel hatte die vollständige Choralmelodie auch schon im Frühjahr 1738 für die neue Fassung des Anthems *As pants the hart* verwendet, die er für die zu seinen Gunsten veranstaltete Benefiz-Aufführung eines (nicht erhaltenen) Pasticcios „An Oratorio" (28. März 1738) vornahm.

Notenbeispiel 16: „For I went with the multitude", aus „As Pants the Hart" (Ps 42), Fassung HWV 251e, Chrysander-Ausgabe, Psalmen I, 271.[60]

Es handelt sich hier um das auffälligste Zitat eines lutherischen Chorals in Händels englischem geistlichem Werk. Der ganze Satz „For I went with the multitude" besteht aus nichts anderem als der Choralmelodie, die von Tenor und Bass unisono als Cantus firmus zu einer bewegten fugierten Begleitung (so wie der Gesang der Geharnischten in Mozarts Zauberflöte, ein anderer Luther-Choral) gesungen wird. Um den zweizeiligen Text dieser vierteiligen Melodie anzupassen, wird er zweimal wiederholt:

> For I went with the multitude
> into the house of God.
> Das Herz geht mir über, wenn ich daran denke:
> wie ich zum Haus Gottes zog in festlicher Schar (Ps 42,5).

Die Assoziation von „Christ lag in Todesbanden" liegt für diesen Text nicht unbedingt nahe. Der Psalmist denkt in der Trübsal der babylonischen Gefangenschaft („Was betrübst du dich, meine Seele" ist der dreimal auftretende Refrain dieses Psalms) an die Zeiten zurück, als er mit den anderen Pilgern „frohlockend und dankend" zu den Wallfahrtsfesten im Jerusalemer Tempel einzog. Die Sehnsucht nach dem Gelobten Land aus der Gefangenschaft in der Fremde bildet aber einen starken gemeinsamen Nenner von Psalm 42 und Exodus 2.

Nr. 15a Rezitativ Then sent He Moses
In einem zweiten Rezitativ führt der Tenor als Erzähler mit Auszügen aus Psalm 105 (26.27.29) die Erzählung weiter – „then sent He Moses ..." – und leitet gleich zur ersten der

Plagen über, der Verwandlung von Wasser in Blut: „he turned their waters into blood". Diesen Satz, der in den Schritten des g-Moll-Dreiklangs von g' zu d absteigt, setzt Händel vom Vorhergehenden ab, indem er Schlüssel, Vorzeichen und Takt neu setzt. Mit ihm verwandelt sich die Passion der Israeliten in die der Ägypter. Der Doppelpunkt deutet an, dass der zweite, nun ungeteilte Chor attacca folgen soll.

Nr. 15b They loathed to drink of the river

Händel hat diesem Chor, um den Ekel vor dem in Blut verwandelten Wasser auszudrücken, die fünfte seiner großen Orgelfugen HWV 605 in a-Moll zugrunde gelegt, die ein „schwieriges" Thema hat, das mit zwei harten Septim-Fällen beginnt und sich mit einem klagenden chromatischen Terzabgang fortsetzt.

Notenbeispiel 17: Fuga V, Takte 1–7, nach Chrysander-Ausgabe Bd 2, Clavierstücke, 171.

Nicht nur durch das sperrige Thema, sondern auch durch die instrumentale Behandlung der Singstimmen wirkt dieser Chor widerständig. Die Fuge ist sehr streng, ohne unthematische Zwischenspiele durchgeführt. Das Orchester ist auf die Streicher beschränkt, die weitgehend *colla parte* die Singstimmen unterstützen; bei den Violinen ist eigens „senza Oboi" vorgeschrieben. Das setzt diesen Chor stark ab gegen den mit dreistimmigem Bläsersatz und Streichern instrumentierten ersten Chor.

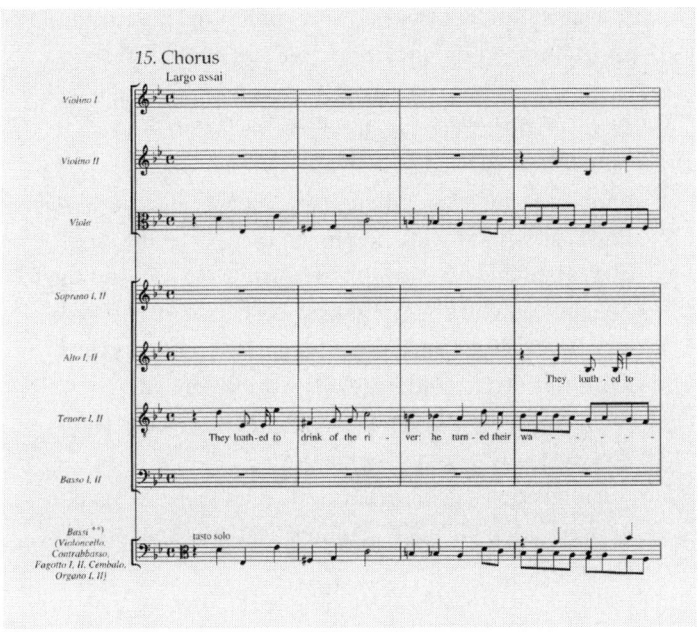

Notenbeispiel 18: Nr. 15 „They loathed to drink of the river", HHA I/14, 107.

Nr. 16 The land brought forth frogs
Es folgt die einzige Arie des zweiten Teils, zwischen 13 Chören, für Alt (bei der Uraufführung gesungen von dem jungen William Savage, einem Countertenor). Der Text

behandelt die zweite (Frösche), fünfte (Viehpest) und sechste Plage (Blattern), nach Psalm 105,30 „Es wimmelte ihr Land von Fröschen bis in die Gemächer ihrer Könige."

𝄢 Die Fortsetzung des Textes basiert auf Exodus 9,1–10:

> Wieder sprach der Herr zu Mose: Geh zum Pharao und sag zu ihm: So spricht Jahwe, der Gott der Hebräer: Lass mein Volk ziehen, damit sie mich verehren können.
> Wenn du dich weigerst, sie ziehen zu lassen, und sie immer noch festhältst,
> wird die Hand Jahwes dein Vieh auf dem Feld, die Pferde und Esel, die Kamele und Rinder, die Schafe und Ziegen, überfallen und über sie eine sehr schwere Seuche bringen.
> Aber Jahwe wird einen Unterschied zwischen dem Vieh Israels und dem Vieh der Ägypter machen; nichts von dem, was den Israeliten gehört, wird eingehen.
> Auch den Zeitpunkt hat Jahwe schon festgesetzt: Morgen wird Jahwe das im Lande tun.
> Am folgenden Tag tat es der Herr. Alles Vieh der Ägypter ging ein, vom Vieh der Israeliten aber ging kein einziges Stück ein.
> Der Pharao erkundigte sich, und wirklich: Vom Vieh Israels war kein einziges Stück eingegangen. Doch der Pharao verschloss sein Herz und ließ das Volk nicht ziehen.
> Da sprach der Herr zu Mose und Aaron: Holt euch eine Hand voll Ofenruß und Mose soll ihn vor den Augen des Pharao in die Höhe werfen.
> Er wird als Staub auf ganz Ägypten niedergehen und an Mensch und Vieh Geschwüre mit aufplatzenden Blasen hervorrufen, in ganz Ägypten.

Sie holten den Ofenruß, traten vor den Pharao und Mose warf ihn in die Höhe. Da bildeten sich an Mensch und Vieh Geschwüre mit aufplatzenden Blasen.

Notenbeispiel 19: Nr. 16, „The land brought forth frogs", Takte 1–21, HHA I/14, 114.

Händels Komposition orientiert sich an der Frosch-Plage und bildet das Springen der Frösche in punktierten Achteln und weiten Intervallen auf eine unverkennbar und unwiderstehlich komische Weise ab. Auch im zweiten Teil der Arie, in dem von Viehpest und Blattern die Rede ist, melden sich gelegentlich die springenden Frösche und gewährleisten so die musikalische Einheit des Stücks, das ja, wie in Anthems üblich, keine Da-capo-Form besitzt.

𝄢 Es ist aufschlussreich, sich rückblickend die drei ganz verschiedenen Formen vor Augen zu führen, in denen Händel auf den Text Bezug nimmt. Im Chor Nr. 14 ist es das Choralzitat „Christ lag in Todesbanden", das vor allem den Bezug auf die ägyptische Knechtschaft („bondage") der Israeliten herstellt, in dem Chor Nr. 15 ist es die Assoziation der als *saltus duriusculus* („harter Sprung") bezeichneten Intervalle und chromatischen Skalen mit Schmerz und Ekel, die als musikalisches Symbol dient, und in der Arie Nr. 16 ist es ein unmittelbarer, ikonischer Bezug der punktierten Intervallsprünge auf die Sprünge der Frösche.

Nr. 17 He spake the word

Im gleichen Sinne ikonisch, unmittelbar abbildend, ist auch der Bezug des folgenden Chors auf die Stechmücken- (die dritte Plage) und Heuschreckenplage (die achte Plage) zu verstehen. Der Text basiert auf Psalm 105,31 und 34f.

> Er gebot, da kamen Schwärme von Fliegen /
> und von Stechmücken über das ganze Gebiet.
> Er gebot, da kamen Schwärme von Grillen /
> und Wanderheuschrecken in gewaltiger Zahl.

Sie fraßen alles Grün in ihrem Land, /
sie fraßen die Frucht ihrer Felder.

Hier entfaltet Händel nun eine ungeheure klangliche Wucht. Das Bläser-Ensemble wird um drei Posaunen erweitert, umfasst also Ob I+II, Fag I+II, Pos I–III (A, T, B). Der Chor wird wieder doppelchörig aufgestellt.

𝄢 Für diesen Chor zieht Händel als musikalische Vorlage die 10. Sinfonia der Serenata Nr. 3 „Qual prodigio è ch'io miri" (Welch ein Wunder ist, was ich bestaune) von Alessandro Stradella (1639–1682)[61] heran, die auch die Vorlagen zu Nr. 17 (Sinfonia 1 und Arie Nr. 13) und Nr. 21 geliefert hat (Arie Nr. 9). In all diesen Fällen ist jedoch nicht Händels Abhängigkeit von einer Vorlage, sondern die grandiose Art ihrer Ausgestaltung das Erstaunliche. Hört man Stradellas Musik im Zusammenhang, wird der Abstand zwischen Vorlage und Verwendung deutlich; hier ein zartes, archaisches Werk im Stil von 1670/80, das allenfalls an Buxtehude, aber keinesfalls an Händel erinnert, dort ein echter Händel auf der Höhe seiner Zeit, dem man den Abstand von mindestens 60 Jahren, der diese Musik von ihrer Vorlage trennt, in keiner Weise anhört.

𝄢 Auf die Spur von Stradellas Serenata Nr. 3 könnte Händel ihr Titel „Qual prodigio è ch'io miro" (Welch ein Wunder ist das, was ich schaue) gesetzt haben, geht es doch bei den ägyptischen Plagen um „Zeichen und Wunder", in denen Gott gegenüber Pharao und den Ägyptern seine überlegene Macht kundtut.

Notenbeispiel 20: Alessandro Stradella, Serenata Nr. 3, Nr. 10 Sinfonia, Chrysander-Ausgabe Suppl. III, 2.

Notenbeispiel 21: Nr. 17, „He spake the word", Takte 1–3, HHA I/14, 118.

Händel verteilt Stradellas „Concerto" und „Concertino" auf Chor und Bläser und fügt für die Violinen rasante Zweiunddreißigstel-Läufe, für die Violen Sechzehntel-Läufe ein, die das Schwirren der Insekten auf dieselbe Weise abbilden, wie in Nr. 16 das Springen der Frösche. Das zieht sich in endlosen Wiederholungen bis Takt 30 hin, dann fallen auf die Worte „and locusts came" die Bässe (Violoncelli und Kontrabässe) mit sprunghaften Sechzehntel-Bewegungen ein und steigern das Schwirren der Violinen zu einem dröhnenden Brausen.

Nr. 18 He gave them hailstones

Nun geht es Schlag auf Schlag. Gegenüber dem gewaltigen „Stechmücken- und Heuschreckenchor" bringt der ungeheure „Hagelchor" mit der siebten Plage noch einmal eine Steigerung. Auch hier sind die Sänger doppelchörig aufgestellt, und zum Instrumentarium von Nr. 17 treten Trompeten I+II und Kesselpauken dazu. Auch dieser Chor benutzt eine Vorlage aus Stradellas Serenata, die als Ouverture dienende Sinfonia Nr. 1, von der er die ersten 12 Takte, die auf der Tonica verharren, ziemlich unverändert übernimmt, dann aber mit den Sechzehntel-Kaskaden, die vom c''' bis zum C, also 4 Oktaven, herabstürzen und den vom Himmel prasselnden Hagel abbilden, ganz eigene Wege beschreitet.

> Psalm 105,32: Er gab ihnen Hagel statt Regen, flammendes Feuer in ihr Land.

Notenbeispiel 22: Stradella, Serenata 3, Sinfonia Nr. 1, Chrysander-Ausgabe Suppl. III, 1.

Notenbeispiel 23: Nr. 18, „He gave the hailstones", Takte 22–26, HHA I/14, 35.

Händel verteilt auch hier „Concertino" und „Concerto grosso" (= ripieno in späterer Terminologie) auf die Bläser- und die Streichergruppe. Die Sechzehntel-Kaskaden laufen in den Violinen bis Takt 50 weiter, die Bässe bewegen sich in unerbittlich hämmernden Achteln, die Chöre wechseln sich ab in kurzen, homophonen Blöcken und isolierten „fire!, fire!" Rufen und das Ganze ab Takt 22 durchweg Fortissimo – ein wahres Höllenspektakel.

Nr. 19 He sent them a thick darkness

Umso wirkungsvoller ist die Stille, die sich mit dem folgenden Chor ausbreitet. Dem Orchester fehlen die hohen Bläser, nur zwei obligate Fagotte sind den Streichern beigegeben. Ein neuntaktiges leises Orchestervorspiel in repetierenden Vierteln und liegenden Ganzen lässt weder eine Tonart noch eine melodische Linie erkennen. Der Chor beginnt streng homophon, fast auf der Stelle tretend, ebenfalls ohne melodische Linie, und löst sich dann in ein Chorrezitativ auf.[62]

𝄢 Wie kann man Finsternis – die neunte Plage – musikalisch darstellen? Die Lösung, die Händel für dieses Problem gefunden hat, kann man nicht genug bewundern. Hier wird tonale Desorientierung hergestellt, der Hörer tappt im Dunkeln, wohin der harmonische Ablauf führt. Immer wieder endet das tastende Voranschreiten in scharfen Dissonanzen, gleich in Takt 3 und 4 mit dem Des im Bass und dem C in der Oberstimme, dann in Takt 8, wieder in Takt 12 und noch einmal in Takt 14 in einen verminderten Septakkord, dem Inbegriff der Desorientierung.[63]

Notenbeispiel 24: Nr. 19 „He sent a thick darkness", Takte 1–13, HHA I/14, 149.

Nr. 20 He smote all the firstborn

Aus dieser geisterhaft verlorenen Stimmung reißt der nächste Chor mit vollem Orchester – drei Posaunen, zwei Oboen, zwei Fagotte, Streicher – die Hörer wieder heraus. Der Chor setzt sofort ohne Orchestervorspiel ein. Wieder hat Händel, wie in Nr. 15, eine seiner Orgelfugen kompromisslos für Singstimmen transkribiert, die große, hier nach a-Moll transponierte g-Moll-Fuge Nr. 1 (HWV 605), eine Doppelfuge, die zwei Themen verwendet.

Notenbeispiel 25: Fuga I, Chrysander-Ausgabe, Clavierstücke, 161.

Es geht um die zehnte und letzte, entscheidende Plage, die Tötung der ägyptischen Erstgeburt, nach Psalm 105,36:

> Er erschlug im Land jede Erstgeburt, /
> die ganze Blüte der Jugend.
> Vgl. Ps 78,51:
> Er schlug in Ägypten alle Erstgeburt, /
> in den Zelten Hams die Blüte der Jugend.

Notenbeispiel 26a–b: Nr. 20 „He smote all the firstborn of Egypt", Takte 1–8, HHA I/14, 152f.

EXODUS

Während der Chor mit Oboen und Fagotten *colla parte* die Fuge singt, erteilen die Streicher, Posaunen und das Continuo die Schläge, staccato, in Vierteln auf die starken Taktzeiten 1 und 3 mit erbarmungsloser Gewalt, wahrhaft „sublime strokes"[64], bis ab Takt 45 auch der Chor acht Takte lang in den Rhythmus der Schläge einfällt. Auch diese Fuge wird sehr streng, ohne unthematische Zwischenspiele, durchgeführt, aber durch die Viertel-Schläge des Orchesters auf den starken Taktzeiten[65] verwandelt sich die Note-für-Note transkribierte Fuge in einen Satz von ungeheurer, geradezu brutaler Gewalt.

Nr. 21 But for his people

Nach den Ausbrüchen exzessiver Gewalt in den Chören 4, 5 und 7 breitet der folgende Chor eine vollkommen andere Stimmung aus. Die Bläsergruppe ist wieder auf ein Quartett aus Ob I+II und Fag I+II reduziert und den vierstimmigen Streichern als Concertino gegenübergestellt. Es beginnt mit acht Takten in D-Dur mit einem kleinen, sechsmal wiederholten Motiv triumphierender Freude „but for his people", bis mit Takt 9 die Tonart nach G und die Stimmung ins Pastorale wechselt: „He led, he led them forth like sheep", mit einem zauberhaften Motiv, das Händel wiederum aus Stradellas Serenata (dem Ritornell Nr. 13 und der Arie Nr. 14, „Io pur seguirò") gewinnt. Die pastorale Stimmung ist ausgelöst durch das Wort „sheep" (Schafe):

> Dann führte er sein Volk hinaus wie Schafe, /
> leitete sie wie eine Herde durch die Wüste (Ps 78,52).

Die wesentlichen pastoralen Momente, das mit seinen punktierten Noten gleichsam schaukelnd herabschwebende Motiv über einem liegenden Bordun-Bass, hat Händel bei Stradella gefunden:

Notenbeispiel 27: Stradella, Serenata Nr. 3, Nr. 13, Aria „Io pur seguirò", Chrysander-Ausgabe Suppl. III, 43.

Das pastorale Klangbild wird vor allem durch die beiden Traversflöten bestimmt, die Händel ab Takt 11 den beiden Violinstimmen hinzufügt. Seine bezaubernde Wirkung entfaltet das „herabschwebende" Motiv jedoch erst in seiner ständigen (neunmaligen) Wiederholung – über dem sich auf 40 Takte ausdehnenden Bordun, bis dann mit Takt 47 das kleine Freudenmotiv wieder auftaucht und mit Takt 51 auf einen anderen Bibelvers („He brought them out with silver and gold") eine schlichte vierstimmige Chorfuge einsetzt, für die Händel den Mittelteil von Nikolaus Adam Strungks (1640–1700) dreiteiligem Capriccio sopra „Ich dank dir schon" fast Note für Note transkribiert.

> Er führte sein Volk heraus mit Silber und Gold; /
> in seinen Stämmen fand sich kein Schwächling
> (Ps 105,37).

Der Choral „Ich dank dir schon durch deinen Sohn" von Michael Prätorius ist ein morgendliches Danklied für Gottes Schutz in der überstandenen Nacht.

> Ich dank' dir schon durch deinen Sohn,
> O Gott! für deine Güte,
> dass du mich heut' in dieser Nacht
> so gnädig hast behütet.

Strungks Fugenthema ist aus der Zeile „dass du mich heint (= heut) in dieser Nacht (so gnädig hast behütet)" gewonnen:

Notenbeispiel 28: „Dass du mich heint (=heut) in dieser Nacht", aus dem Choral „Ich dank dir schon durch deinen Sohn".

Nichts könnte passender sein für den Bezug auf die überstandene Nacht, als der „Würgeengel" des Herrn durch Ägypten zog und die Erstgeburt bei Mensch und Vieh erschlug, aber die Israeliten verschonte.

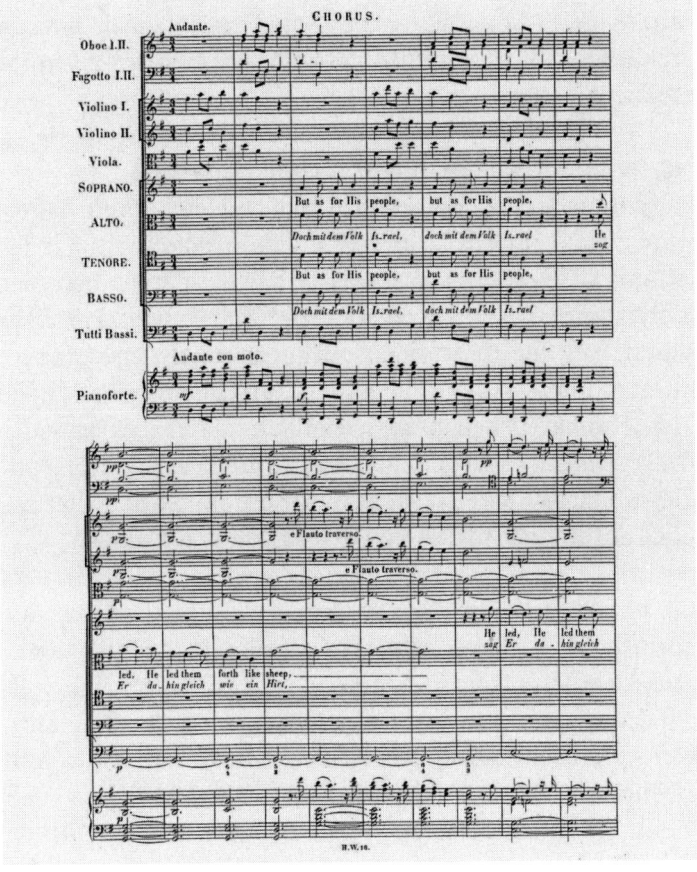

Notenbeispiel 29: Nr. 21 But for his people, Chrysander-Ausgabe, 72.

Die Wendung „mit Silber und Gold" bezieht sich auf die Geschenke, die den ausziehenden Israeliten von den Ägyptern mitgegeben werden. Dieser Aspekt des Auszugs, der eine Art Entschädigung für die den Israeliten auferlegte Zwangsarbeit darstellt, wird schon in der Genesis dem Abraham (Gen 15,14) sowie in der Dornbuschszene dem Mose verheißen (Ex 3,21) und im Bericht des Auszugs zweimal erwähnt (Ex 11,2f.; 12,35f.).

Nr. 22 Egypt was glad when they departed

Für den nächsten Chor greift Händel wieder auf ein Orgelwerk zurück, diesmal aber aus anderer Feder, nämlich der Johann Kaspar Kerlls (Canzona 4), das aus den frühen 70er Jahren des 17. Jahrhunderts stammt[66], von Händel aber abgesehen von der Instrumentierung ziemlich unverändert übernommen wurde und seinen auffallend archaischen, kirchentonartlichen (phrygischen) Charakter nicht verleugnet. Vermutlich war gerade dies der Grund für Händels Wahl dieses Stücks, das sich sonst weder durch textliche Bezüge noch auffallende musikalische Qualitäten nahelegt.

Da Händel aber die Abfolge der Sätze unverkennbar auf Kontrast hin anlegt, könnte es gerade die modale Fremdartigkeit dieser Fuge sein, die ihn reizte. Dieses Stück wollte er offenbar nicht, wie sonst meist, seinem eigenen farbigen Stil einschmelzen, sondern es sollte in seiner düsteren Strenge als ein Fremdköper herausstehen. Es sind ja auch die Ägypter, die anderen, Fremden, von deren Gefühlen hier die Rede ist. Außerdem passt die Zweiteilung des Stücks in einen eher ruhigen, in Vierteln dahinschreiten-

Notenbeispiel 30: Johann Kaspar Kerll, Canzona 4, Takte 1–29 nach Nagels Musikarchiv Nr. 87.[67]

den ersten und einen durch die punktierten Achtel der Begleitung bewegteren zweiten Teil gut auf die beiden Verse des Texts:

> Egypt was glad when they departed
> for the fear of them fell upon them

Der Chor beginnt zunächst a cappella, nur vom Generalbass begleitet, bis ab Takt 13 die Fagotte mit dem Bass und die Oboen mit dem Sopran und dem Alt mitgehen. In Takt 30 kommen auf die Worte „for the fear of them fell upon them" die Posaunen und die Violen, ein paar Takte später auch die Violinen dazu, sodass ab Takt 32 das volle Orchester spielt – ein auskomponiertes Crescendo, das zugleich deutlich macht, dass nicht Freude, sondern beklommene Furcht die Stimmung dieses Satzes bestimmt, wiederum in starkem Kontrast zu der freudigen und friedlich-pastoralen Stimmung des vorhergehenden Satzes.

> Bei ihrem Auszug waren die Ägypter froh; /
> denn Schrecken vor ihnen hatte sie alle befallen
> (Ps 105,38).

Die folgenden drei Nummern, 10–12, bilden eine Einheit. Sie entfalten das Meerwunder, den Durchzug der Israeliten durch des Rote Meer:

> 23a He rebuked the Red Sea and it dried up (Ps 106,9a);
> 23b He led them through the deep as through a wilderness (Ps 106,9b);
> 23c But the waters over-whelmed their enemies, there was not one of them left (Ps 106,11).

> 23a Er bedrohte das Schilfmeer, da wurde es trocken; /
> 23b wie durch eine Steppe führte er sie durch die Fluten
> (Ps 106,9).

23c Ihre Bedränger bedeckte das Wasser, /
nicht einer von ihnen blieb übrig (Ps 106,11).

Dass Händel diesen Vorgang auf drei Chöre verteilt, hat seinen Grund darin, dass er das Meerwunder als den größten von Gottes Machterweisen eigens hervorheben will. Das ist nicht eine von mehreren Plagen, mit denen er Ägypten straft, sondern die eine rettende Tat, mit der er sein Volk für immer von der ägyptischen Unterdrückung befreit. 23a hat die typische Form der kurzen blockhaft-deklamatorischen Introduktion, 23b die ebenso typische Form der anschließenden Fuge; beide sind doppelchörig gestaltet. 23c stellt dagegen den einfachen, homophonen Chor dem wild bewegten Orchester gegenüber.

Nr. 23a He rebuked the Red Sea (Ps 106,9a)

Die Teilung oder Austrocknung des „Schilfmeers", das in der englischen Bibel (King James Version) als das „Rote Meer" wiedergegeben wird, ist das letzte und entscheidende der großen Wunderzeichen, die der Herr in Ägypten verrichtet, um Israel zu retten und Ägypten zu schlagen. Händel behandelt diesen Chor wiederum in starkem Kontrast zum Vorhergehenden als eine machtvolle Intervention von nur acht Takten, doppelchörig, homophon, mit vollem Orchester (aber ohne Posaunen und Trompeten), blockhaft, statisch, Fortissimo, grave e staccato.[68]

Nr. 23b He led them through the deep (Ps 106,9b)

Dieser Chor schließt sich in Es-Dur *a tempo giusto* in gleicher Instrumentierung und doppelchöriger Aufstellung an Nr. 23a (g-Moll) an, der ihm als Introduktion dient. Auf den monumentalen großflächigen Block folgt eine Doppelfuge, die sich von unten nach oben aufbaut. Das eigenartige Thema scheint vom Wort „deep" (Tiefe) inspiriert zu sein. Es beginnt nach einem Quintfall mit einem Skalenaufstieg zur Quart, fällt auf das Wort „deep" um eine Septime herab, um von der Unterquart erneut skalenförmig zur Quart aufzusteigen. Das zweite Thema, das schon mit dem Tenoreinsatz zunächst in den Violinen, und dann bei Einsatz des Alt auch in Tenor und Bass auftritt, besteht im Wesentlichen aus einem Skalenabstieg in Sechzehnteln und ist auch vom Begriff der Tiefe inspiriert. Die schnellere Bewegung (in Sechzehnteln) kontrastiert mit dem ruhigen Schreiten (in Vierteln) des ersten Themas und deutet die Eile der Flucht an. Auch in dieser Fuge gibt es keinen unthematischen Takt. Händel greift mit diesen beiden Themen möglicherweise auf den Satz „Tu es sacerdos" (Nr. 5) aus seiner Psalmvertonung *Dixit Dominus* zurück, der ebenfalls auf der Kombination eines in ruhigen Vierteln aufsteigenden („tu es sacerdos") und eines in Sechzehnteln absteigenden Themas („secundum ordinem Melchisedech") basiert.[69]

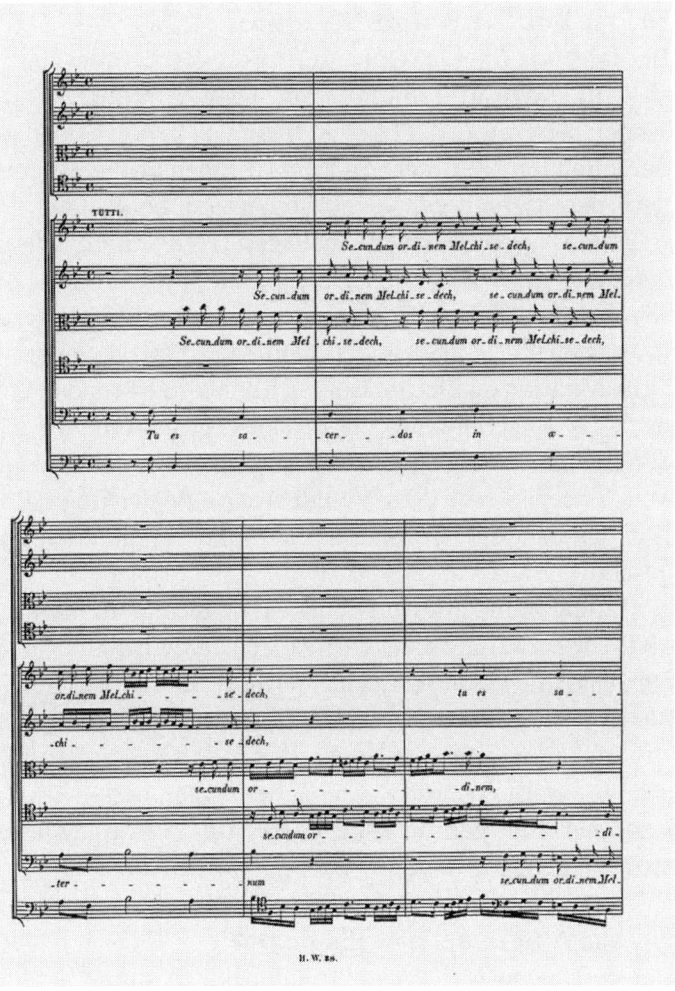

Notenbeispiel 31: „Tu es sacerdos secundum ordinem Melchisedech", Chrysander-Ausgabe Bd. 38, Lateinische Kirchenmusik, Dixit Dominus, 79.

Nr. 23c But the Waters (Ps 106,11)
Der folgende Chor (a tempo giusto) ist von der Idee der zurückflutenden und über die Verfolger hereinbrechenden Wogen bestimmt. Der Chor ist nicht wie in den beiden vorhergehenden Nummern in zwei Gruppen aufgeteilt, sondern geschlossen dem Orchester gegenübergestellt. Das wogende Fluten bilden die unausgesetzten Achteltriolen in den Streichern, das Hereinbrechen die Oktavfälle der Bläser und das Donnergeräusch der tosenden Brandung die immer wieder einsetzenden Paukenwirbel ab. „Gänzlich ohne Bindung an Blechbläser", schreibt Silke Leopold, „nur noch als illustrierendes Klangkolorit, erscheinen die Pauken in dem Chor ... zum ersten und für lange Zeit einzigen Mal."[70] Gegen eine derart wildbewegte Begleitung ist der homophone Chor in Vierteln und punktierten Achteln abgesetzt.

𝄢 Händel greift mit der Orchesterbegleitung auf den Satz „It is the Lord that ruleth the sea" aus dem Anthem *The Lord is my light* und das Stück „Venti, fermate" der Kantate *Armida Abandonnata* (HWV 105) zurück. Dort findet sich die gleiche Gegenüberstellung von Oktavfällen in den hohen Stimmen (Oboen, Violinen I und II) und Achteltriolen in den Bässen, und auch hier geht es thematisch um das aufgewühlte, sturmgepeitschte Meer.[71]

Nr. 24a And Israel Saw (Ex 14,31a)
Der doppelchörig aufgestellte Chor bildet mit seinen nur acht Takten blockhafter Deklamation wieder wie Nr. 23a eine Introduktion zum Folgenden. Mit Nr. 24b zusammen vertont er Ex 14,31, den Schlussvers der Auszugserzählung,

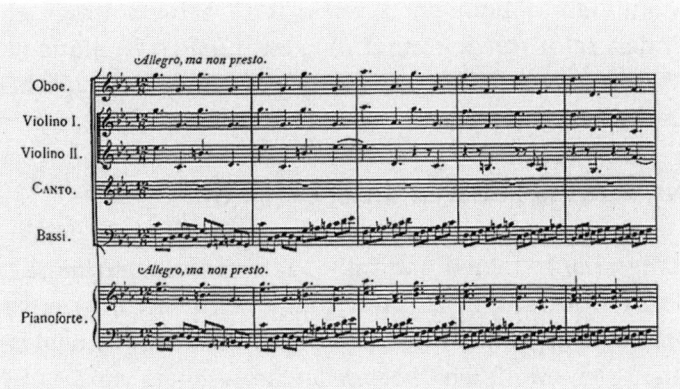

Notenbeispiel 32: „It is the Lord, that ruleth the sea",
aus: The Lord is my light. Chrysander-Ausgabe Bd. 35,
Psalmen II, 198 (Anthem X).

Notenbeispiel 33: „Venti, fermate", aus: *Armida abandonnata*,
Chrysander-Ausgabe Bd. 52, Cantate con instrumenti, 158.

und beendet auch hier wie in der Bibel den Teil „Exodus". Monumental, homophon, grave, forte, achtstimmig zieht er den Schlussstrich unter die gewaltige Darstellung der Machterweise Gottes. Jedenfalls gehören 10 bis 12 textlich und musikalisch zusammen wie 13 und 14.

Nr. 24c And believed the Lord (Ex 31b)

Der Schlusschor des zweiten Teils steht wieder wie der Eingangschor in c-Moll und im ½ Takt, nimmt also deutlich auf den Anfang Bezug. Das Tempo, Larghetto, ist etwas schneller zu nehmen als das Largo von Nr. 14. Händel bedient sich für diesen Chor wieder der Serenata von Stradella, und zwar des B-Teils der Arie della Dama „Amor sempre avezzo": „Ite dunque a cercar dov'è quel core" (So geht, zu suchen, wo jenes Herz ist).[72]

Händel erweitert den imitatorisch aufgefächerten Anfang, bei dem aber die Stimmen nicht wie bei einer Fuge zwischen Tonica und Dominante abwechseln, sondern auf der Tonica verharren, zur Vierstimmigkeit und lässt ihn in einen homophonen Abschnitt münden. Diese Abfolge wird zweimal durchlaufen.

𝄢: Der Text ist sehr bewusst gewählt: Er beschließt auch im Buch Exodus das 14. Kapitel und damit die Schilderung der ägyptischen Plagen. „And believed the Lord": Darauf kommt es an in dieser neuen Religion, die auf Offenbarung, Verheißung und Glauben beruht.

Mit seinen zwei Rezitativen (vor Nr. 14 und Nr. 15), einer Arie (Nr. 16) und nicht weniger als 12 Chören, von denen elf

Notenbeispiel 34: Stradella, Serenata Nr. 3, Nr. 9 Arie „Che s'aterra disprezzo", Chrysander-Ausgabe Suppl. III, 31.

unmittelbar aufeinander folgen, geht dieser zweite Teil besonders weit hinaus über die Formen sowohl des Anthems als auch des Händelschen Oratoriums, soweit diese Form mit *Saul* erreicht war. Die Chöre sind so gut wie alle auf Kontrast komponiert (Nr. 17 gegenüber der Froscharie Nr. 16, Nr. 19 – Finsternis – gegenüber den Stechmücken- und Hagelchören Nr. 17 und Nr. 18), Nr. 20 – „he smote all the firstborn" als ein Gewaltexzess gegenüber der stillen Nr. 19, Nr. 21 – „but for his people" – als eine freudige und friedliche Oase gegenüber der gewalttätigen, lauten Nr. 20; Nr. 22 „Egypt was glad", eine düstere, archaische Fuge gegenüber der heiteren, pastoralen Nr. 21; Nr. 23a als eine kurze, monumentale Intervention gegenüber den vorhergehenden Plagen und Einleitung des Meerwunders Nr. 23b und Nr. 23d; Nr. 23d mit seinen tosenden Wellenbewegungen gegenüber dem ruhigen oder eiligen Schreiten der Israeliten durch den trockenen Meeresgrund und Nr. 24 a und b als ein ruhiger Schlussstrich unter die unausgesetzte Abfolge von Schlägen und Plagen bzw. Zeichen und Wundern, wie in den vorhergehenden Chören geschildert.

Diese Abfolge von Chören war zweifellos ungewohnt für die Hörer und wirkte formal unausgewogen, thematisch aber entspricht sie genau der biblischen Darstellung, in der die Plagen auch pausenlos eine auf die andere folgen. So stark Händel auch in späteren Aufführungen durch die Streichung oder Kürzung von Chören und die Einfügung von Arien die ursprüngliche Anthem-Form veränderte, an der Plagen-Sequenz Nr. 16–21 hat er bis zuletzt festgehalten.

Dritter Teil: Moses' Song

Bei der Betrachtung des dritten Teils von *Israel in Egypt* gilt es, die Tatsache im Auge zu behalten, dass dies entstehungsgeschichtlich der erste Teil war, an dessen Komposition sich Händel am 1. Oktober 1738 machte. Manches spricht dafür, dass ihm zu diesem Zeitpunkt noch kein dreiteiliges Oratorium, sondern ein großes Anthem vorschwebte, eine Psalm-Motette, für die der Text von Exodus 15,1–21, eines der traditionellen „Cantica" der katholischen Kirche oder „canticles" der anglikanischen Kirche, ideal geeignet ist. Der „Song of Moses" wird dort als „canticle 8" gezählt und in der Osternacht gesungen. Das canticum Mosis I[73] ist ein Lobgesang zum Dank für die Errettung aus dem Meer und vor den Verfolgern sowie für die Erwählung in den Bund der Gottesherrschaft. Für dieses Vorhaben zieht Händel das Magnificat von Dionigi Erba aus dem Jahre 1690 heran, das er sich mit Ausnahme der letzten Nummern aus einer Kopie abschreibt.[74] Der Lobgesang der Maria zum Dank für ihre Erwählung als Gottesmutter bildet das neutestamentliche Gegenstück zum alttestamentlichen Meer-Lied, das sich von daher für Händels Zweck anbietet.

Nr.	Form	Incipit	Tonart	Taktart
25a	Introitus Doppelchor	Moses and the children	C	C
25b	Doppelchor	I will sing unto the Lord	C	C
26	Duett BB	The Lord is my strength	a	C
27a	Doppelchor Deklamat.	He is my God	a	C
27b	Chor	And I will exalt him	a–C	¢
28	Duett	The Lord is a man of war	A	¾
29	Doppelchor Deklamat.	The depths have covered	F	C
30a	Doppelchor	Thy right hand	C	C
30b	Doppelchor Deklamat.	And in the greatness	a	C
30c	Einlage-arie	Cor fedele	g	C
	Rezitativ	offra un core devoto	a–D	C
	Arie	bianco giglio	D	C + ¾
30d	Doppelchor	Thou sentest forth	a	¢
31	Chor	And with the blast	D	C
32	Arie (Tenor)	The enemy said	G	⅜
33	Arie (Sopran)	Thou didst blow	Es	C
34a	Doppelchor Deklamat.	Who is like unto thee	c–d	C
34b	Doppelchor	The earth swallowed them	a	¢

MOSES' SONG

Tempo	Anzahl Takte	Bläser	Streicher	Pk
A tempo giusto	24	3 Pos, 2 Tromp, Ob I+II, Fag	4st	Pk
Andante	66	3 Pos, 2 Tromp, Ob I+II, Fag	4st	Pk
Larghetto	53		Viol, B	
Grave	9	3 Pos, Ob I+II, Fag	4st	
Andante	99	3 Pos, Ob I+II	4st	
Andante allegro	252	Ob I+II, Fag	4st	
Largo	14	Ob I+II, Fag	4st	
Andante	32	3 Pos, 2 Tromp, Ob I+II, Fag	4st	Pk
Adagio	8	Ob I+II, Fag	4st	
Larghetto	47+25	Ob I+II	4st	
Allegro	57+112+57	Ob I+II	4st	
Andante	84	Ab T 31: 3 Pos, Ob I+II, Fag	B, ab T 31 4st	
Andante	71	Ob I+II	4st	
Andante	111		4st	
Andante Larghetto	37	Ob I+II	verstärktes Continuo	
Grave	16	Ob I+II, Fag I+II	4st	
Andante	41	3 Pos, Ob I+II, Fag	4st	

Nr.	Form	Incipit	Tonart	Taktart
35	Duett	Thou in thy mercy	d	¾
36	Doppelchor	The people shall hear	e	C
36b	Einlagearie statt 36	La speranza, la costanza	D	C
37	Arie A	Thou shall bring them in	E	⅜
38a	Doppelchor	The Lord shall reign	C	C
38b	Rezitativ	For the horse of Pharaoh	C	C
38a	repetatur	The Lord shall reign		
38c	Rezitativ	And Miriam, the prophetess	a	C
39	Solo und Doppelchor	Sing ye to the Lord	C	C

𝄢 Der dritte (entstehungsgeschichtlich erste) Teil ist formal-musikalisch klarer gegliedert als die anderen beiden Teile durch die charakteristische Abfolge einer kurzen, blockhaft-homophonen, statischen Deklamation und einer großen Chorfuge:[75]

  25 a+b „Moses and the children of Israel" +
    „I will sing unto the Lord"
  27 a+b „He is my God" + „I will exalt him"
  30 c+d „And in the greatness" + „Thou sentest forth"
  34 a+b „Who is like unto thee" + „The earth swallowed them"

Tempo	Anzahl Takte	Bläser	Streicher	Pk
Larghetto	116		Viol I+II, B	
Largo e staccato	105	Ob I+II, Fag	4st	
Allegro	70+17+70		Viol. unisono	
Largo e mezzopiano	110		Viol I+II, B	
A tempo giusto	17	3 Pos, 2 Tromp, Ob I+II, Fag Cont.	4st	Pk
		Cont.		
A tempo giusto	85	3 Pos, 2 Tromp, Ob I+II, Fag	4st	Pk

Wenn man diese Form (mit Ausnahme von 15) als Gliederungsmerkmal und eine Art Schlussstrich versteht, ergibt sich eine Gliederung in vier Abschnitte:

    25–27:   Introduktion
    29–30 c: Vernichtung der Feinde I
    31–34 b: Vernichtung der Feinde II
    35–39:   Verheißung bleibender Gottesnähe

Nr. 25a Introitus: Moses and the children of Israel

In strahlendem C-Dur setzt Händel einen Anfang, wie er monumentaler nicht gedacht werden kann: doppelchörig, mit vollem Orchester: drei Posaunen, zwei Trompeten, zwei Oboen, Fagotte, vierstimmigem Streichersatz und Pauke.

𝄢 Das Orchester bewegt sich in aufsteigenden Dreiklängen, punktierten Rhythmen und überraschenden Akkordrückungen: von C-Dur nach A-Dur, D-Dur-G-Dur, E-Dur, a-Moll, F-Dur, G7, C. Nach zehn Takten Vorspiel setzt der Chor ein, Fortissimo, in langen Notenwerten, homophon, repetierend, während das Orchester in seinen punktierten Rhythmen fortfährt.

Nr. 25b I will sing unto the Lord

Die anschließende Fuge arbeitet mit drei Themen.

Notenbeispiel 35: Nr. 25, „I will sing", Thema I.

Das erste Thema ist eines jener bogenförmigen, in langen Notenwerten zur Quart auf- und wieder absteigenden Themen wie z.B. „For the God omnipotent reigneth" im Halleluja-Chor des *Messiah* oder „gratias agimus tibi" bzw. „Dona nobis pacem" in Bachs h-Moll-Messe, die sich hervorragend eignen, um sich cantus-firmus-artig über, unter oder zwischen bewegtere Themen oder Motive in den anderen Stimmen zu legen, wie etwa zu den „Halleluja!"-Rufen im *Messiah* (ab Takt 22) oder dem „propter magnam gloriam" in der h-Moll-Messe. In unserem Chor ist es das kleine, endlos wiederholte dritte Thema „the horse and his rider", das mit dem ersten Thema kontrastiv verbunden wird. Das zweite Thema erscheint zuerst als unmittelbare Fortsetzung des ersten und entpuppt sich erst im Fortgang als eigenes und scheinbar eigentliches Fugenthema, bis dann in Takt 30ff. das erste Thema im Tenor II, Takt 34 im Bass I und Takt 52 als Engführung in allen Stimmen wieder auftaucht und für eine Weile die erregten „the horse and his rider"-Rufe verdrängt; die setzen dann aber in Takt 60 in allen Stimmen triumphierend wieder ein und bilden den Schluss.

Nr. 26 The Lord is my strength
„The Lord is my strength" ist ein Duett für zwei Soprane, stellt also einen starken Kontrast zum Vorhergehenden dar. Das Orchester ist auf Violinen unisono und Basso continuo reduziert. Händel hält sich eng an seine Vorlage, „ex exultavit" aus Erbas *Magnificat*, das er lediglich sehr geschickt überarbeitet, aber ansonsten in ziemlich gleicher Länge (45 Takte, Händel 53 Takte) übernimmt. Die Violinstimme begnügt sich weitgehend mit kurzen Einwürfen, die Bassstimme bewegt sich in konventionellen topischen Bahnen.

Nr. 27a He is my God
Den Abschluss dieses ersten Teils bildet die typische Abfolge Chor-Rezitativ und Fuge. Das Chor-Rezitativ orientiert sich an Erbas 6-taktigem „Magnificat anima mea", übernimmt aber im engeren Sinne nur die letzten drei Takte.

27b And I will exalt him

Mit der Chorfuge „And I will exalt him" greift Händel noch viel weiter zurück: auf das um 1600 entstandene, Giovanni Gabrieli zugeschriebene *Ricercar sopra Re fa mi don*. Das Erstaunliche an diesem Satz ist dreierlei: 1. dass Händel zwar das thematische Material von Gabrieli übernimmt, 2. dass er aber (im Gegensatz etwa zu der von Kerll übernommenen Canzone) ganz frei damit umgeht und nur wenige Takte annähernd notengetreu in seinen Chorsatz umsetzt, dabei sich aber 3. – und das ist das Erstaunlichste – streng an den modalen (dorischen) Stil der Vorlage hält, also Renaissancemusik komponiert. Es kommt ihm hier also nicht darauf an, dieses Stück dem breiten Spektrum seiner Tonsprachen einzuschmelzen, sondern, ganz im Gegenfall, es als einen musikalischen Fremdkörper herauszuheben. Diese Nummer soll fremdartig klingen, Renaissance-Musik im Hochbarock, und mitten im Kontext der expressiven, festlichen Barockmusik die Vokalharmonie des 16. Jahrhunderts beschwören. Das macht diesen Fall so interessant, dass sich eine etwas ausführlichere Behandlung lohnt.

🎵 Das Ricercar ist für Violen-Consort geschrieben (Violetta, Viola da braccio, Viola da gamba, Basso di viola), eine für Gabrielis Ricercari ganz untypische Besetzung; möglicherweise handelt es sich um die für Streicher arrangierte Fassung eines Orgelwerks. Diese könnte von Heinrich Schütz stammen, der nach seinen Studien in Venedig bei Gabrieli nach Kassel ging, wo das Manuskript aufbewahrt ist.[76] Das Ricercar ist viergeteilt; der erste Teil (Takte 1–43a) ist eine Fuge über das Thema Re–Fa–Mi–Do (= D–F–E–C), im zweiten Teil (Takte 43b–64) gesellt sich ein zweites Thema als Kontrasubjekt dazu, der dritte Teil (Takte 65–110) ist eine stretta im Dreier-Takt, und der vierte Teil (Takte 111–158) spielt das Thema in allen möglichen Veränderungen durch. In diesem vierten Teil sind die Notenbezeichnungen „Re fa mi don" und „Don mi fa re" als Text überall unter die Stimmen geschrieben, wo diese Notenwerte in der Art eines Cantus firmus auftreten.[77] Das Stück steht in den Teilen 1, 2 und 4 wie bei Händel im Alla-Breve-Takt, der aber doppelt so lang ist, d.h. zwei ganze Noten umfasst.

𝄢 Händel übernimmt von Gabrieli den Anfang (Takte 1–4 entsprechen ungefähr Händels Takten 1–9) mit den enggeführten Einsätzen des Themas in der Abfolge B – T – A – S, bringt dann aber schon mit Takt 10, wieder zuerst in B und T, Gabrielis zweites Thema, das dort erst im zweiten Teil ab Takt 43b auftaucht. Dies wird, auch in Verbindung mit Thema 1, bei Händel bis Takt 41 durchgespielt, dann setzt ein kurzer homophoner Abschnitt von acht Takten ein auf die Worte „He is my father's God", der die modale Sphäre verlässt und von F über C, d, g nach D kadenziert. Ab Takt 51 setzt der Chor die Fuge mit der eng an den Anfang von Gabrielis Teil 2 (Takte 43–46) angelehnten polyphonen Entwicklung über die Themen 1 und 2 fort. Händel lässt den Chor zunächst a cappella beginnen, nur von der Orgel tasto solo begleitet, bis dann in Takt 21 das volle Orchester einsetzt mit drei Posaunen, geteilten Oboen und Streichern. Ähnlich sind die Chöre Nr. 22 „Egypt was glad" und Nr. 30d „Thou sentest forth" aufgebaut, die ebenfalls a cappella (+ Continuo) beginnen und das Orchester erst später einsetzen lassen.

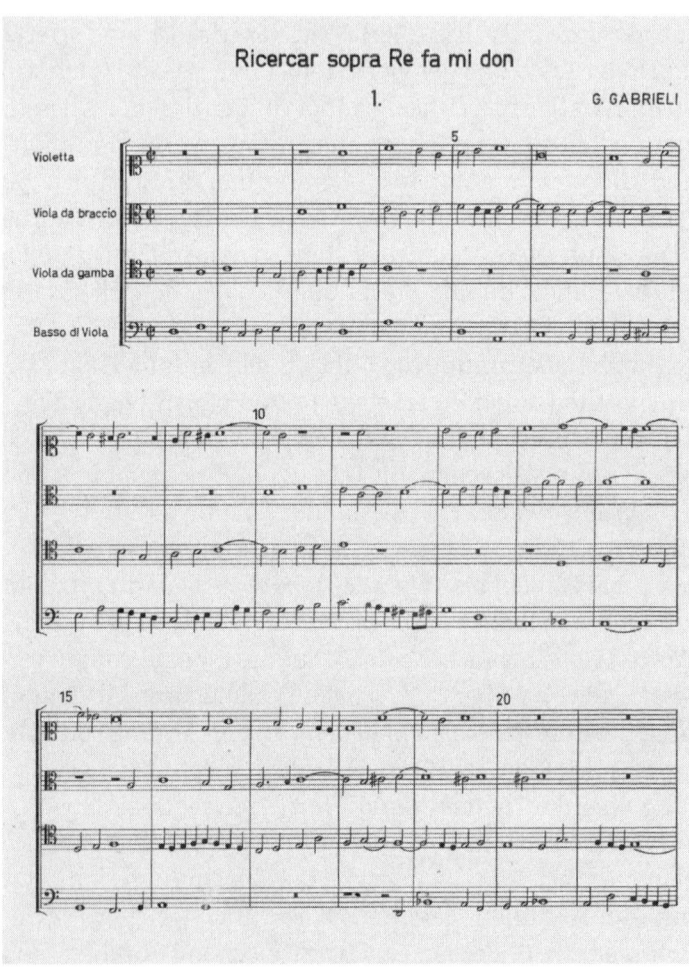

Notenbeispiel 36a: G. Gabrieli (?), Ricercar Re fa mi don, Takte 1–21, nach Stefan Kunze, Die Instrumentalmusik Giovanni Gabrielis, Notenteil, S. 1.

MOSES' SONG

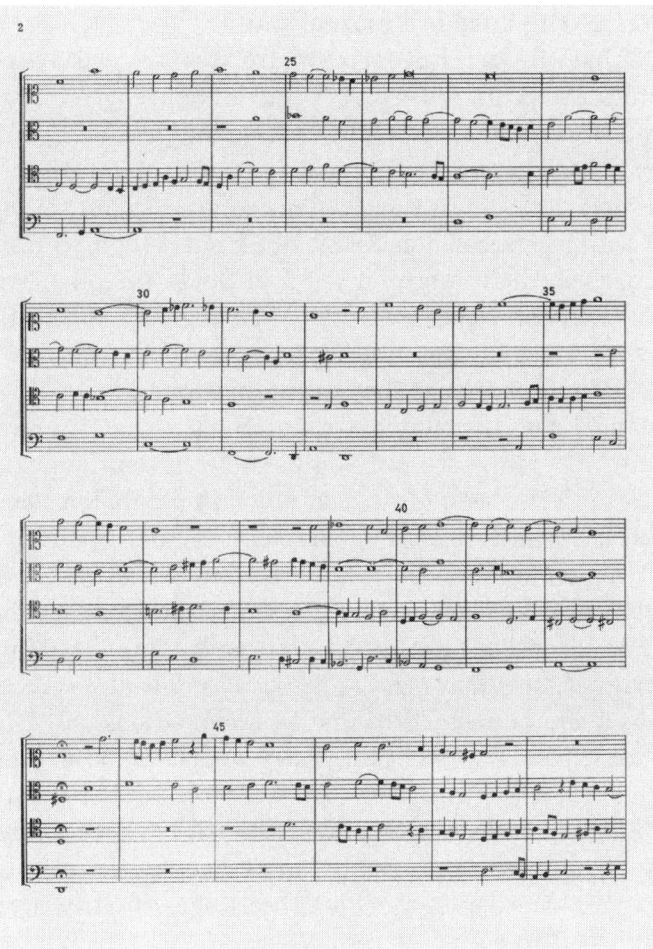

Notenbeispiel 36b: G. Gabrieli (?), Ricercar Re fa mi don, Takte 22–48, nach Stefan Kunze, Die Instrumentalmusik Giovanni Gabrielis, Notenteil, S. 2.

Nr. 28 The Lord is a man of war

Das Bass-Duett „The Lord is a man of war" bildet das Gegenstück zum Sopran-Duett „The Lord is my strength", ist aber mit seinem Bläser-Trio (Oboe I+II, Fagott) und vierstimmigem Streichersatz reicher instrumentiert. Dem Larghetto a-Moll des Sopran-Duetts stellt es ein Andante Allegro A-Dur gegenüber. Das Ritornell ist mit seinen 40 Takten ungewöhnlich lang und wird am Ende in voller Länge wiederholt.[78] Nach Art eines Concerto grosso kontrastiert es Streicher-Ripieno und Bläser-Concertino. Auf das beschwingte Streicher-Thema in punktierten Achteln, das Händel dem Instrumental-Vorspiel zu „Te aeternum patrem" aus Francesco Antonio Urios *Tedeum* entlehnt, antworten die Oboen mit einem Motiv in parallelen Terzen, das dann auch in kurzen, das Duett unterbrechenden Ritornellen immer wieder auftritt. Händel übernimmt dieses Motiv wie auch andere aus seiner Vorlage, dem ebenfalls als Bass-Duett angelegten Satz „Quia fecit mihi magna" aus Erbas *Magnificat*. Das Resultat dieser Collage aus überarbeitetem Erba und zitiertem Urio ist ein echter Händel, und man steht bewundernd vor diesem Fall begnadeter Einschmelzung heterogenen Materials. Vor allem die so natürlich und ungemein reizvoll wirkende Verbindung des punktierten Urio-Themas mit Erbas parallelen Terzengängen, aus der Händel die Concerto-grosso-Struktur des Ritornells gewinnt, ist verblüffend.

🎼 Mit seiner Länge von 252 Takten fällt das Duett aus dem Rahmen[79], ist aber von Händel vermutlich eher schnell gedacht. Die Überlänge entsteht auch durch die Textfülle.

The Lord is a man of war
Lord is his name
Pharaoh's chariots and his host
Has he cast into the sea.
His chosen captains also
are drowned in the Red Sea

Der Herr ist ein Krieger, /
Jahwe ist sein Name.
Pharaos Wagen und seine Streitmacht /
warf er ins Meer. /
Seine besten Kämpfer
versanken im Schilfmeer.

Den vier Zeilen des ersten Teils (Takte 1–160, mit abschließendem Ritornell) entsprechen vier Motive. Bemerkenswert ist vor allem das vierte, das mit seinen Skalenabstiegen die in die Tiefe stürzenden Wagen und Soldaten Pharaos abbildet und mit dem Skalenaufstieg des ersten Themas kontrastiert. Der zweite, kürzere Teil (Takte 161–252, mit abschließendem Ritornell) bringt zwei neue Motive. Alle diese Motive sind sehr schlicht und entwickeln keine großen thematischen Bögen. Die Einheit dieser überlangen Gesangsnummer wird allein durch die beiden charakteristischen Motive des Ritornells, das punktierte Motiv von Urio und das Terzenmotiv von Erba, gestiftet, die sich immer wieder in Erinnerung bringen.

Nr. 29 The depth have covered them

Dieser kurze Chor (17 Takte, Largo) gehört zu den großartigsten Höhepunkten des Oratoriums. Wieder arbeitet Händel auf Kontrast. Dem heiteren, beschwingten und triumphalistischen Duett, das nicht ohne Schadenfreude das Versinken von Pharaos Streitwagen, Truppen und Eliteoffizieren in der Tiefe des Roten Meeres in endlosen Skalenabstiegen besingt, stellt er nun in leisen Tönen von tiefstem Ernst und Mitgefühl die Betrachtung der Ertrunkenen und in der Meerestiefe Bestatteten gegenüber, die sich jeden Ausdruck von Triumphalismus verbietet.[80] Die absteigenden Dreiklänge des Orchesters sind eine Trauermusik, wie aus einem Vergleich mit dem Vorspiel zum ersten Teil hervorgeht, wenn auch die Tonart F-Dur gegenüber dem g-Moll der Totenklage eher den Gedanken der Totenruhe als den schmerzvollen Verlusts ausdrückt:

Notenbeispiel 37: Teil I, Symphony, Takte 1–5, HHA I/14, 234.

Notenbeispiel 38: Nr. 29, „The depths have covered them", Takte 1–4, HHA I/14, 293.

Hinsichtlich der Tonarten ist der Chor dreigeteilt: Takte 1–6 verharren in F-Dur und enden erst zuletzt in der Dominante C-Dur, Takte 7–11 bewegen sich überwiegend in „b"-Tonarten (c-Moll, b-Moll, Es7, As-Dur, C-Dur, f-Moll), Takte 12–17 kehren in die Nähe von F-Dur zurück und enden auf der Dominante zu a-Moll (C-Dur, ein verminderter Septakkord auf Cis als Pseudodominante zu d-Moll, a-Moll, E-Dur).

Nr. 30a Thy right hand, o Lord
Der Triumph, den sich der stille Chor Nr. 29 versagt hat, bricht mit Pauken und Trompeten, Posaunen und vollem Orchester im anschließenden Doppelchor aus, der wieder nach C-Dur, der Tonart des Triumphs, zurückkehrt, die den dritten Teil beherrscht und in der Anfang und Ende („I will sing unto the Lord") stehen. Die Tempobezeich-

nung „Andante" ändert nichts am freudigen Charakter dieses Chors. Er ist ziemlich frei entwickelt aus den sieben Takten des zweiten Teils von Erbas „Quia respicit humilitatem", dort auf die Worte „ecce enim ex hoc beatam me dicent omnes generationes". Nach den ersten 14 im Wesentlichen statischen, homophonen Takten entwickelt sich ab Takt 15–22 eine imitatorische Phase, die ein neues Motiv durch alle vier Stimmen führt, bis ab Takt 23 ein neues Motiv, das an den Chor „Vien, Imeneo, vieni fra voi" aus *Imeneo* erinnert, den Chor in 13 Takten zu Ende führt. Der Bezug zur Vorlage ist zwar unverkennbar, aber schwach.

𝄢: Das Thema der Rechten Gottes, mit der er Gewalt übt, um seinem bedrängten Volk zu Hilfe zu kommen, spielt in der biblischen Überlieferung des Exodus-Mythos die Rolle eines Leitmotivs, vor allem in der besonders im Deuteronomium immer wiederkehrenden Formel „mit starker Hand und ausgestrecktem Arm" (*bejād ḥazāqāh ûbizrôaʾ neṭûjāh*: Dtn 4,34; 5,15; 7,19; 11,2; 26,8; Ps 136,12; Ez 20,33). Aber auch das Magnificat der Maria spielt darauf an, wenn es heißt „Fecit potentiam in bracchio suo" (Er übte Gewalt mit seinem Arm). Das ist genau der Abschnitt, den Händel aus Erbas *Magnificat* für die Fuge Nr. 30d übernimmt.

Nr. 30b „and in the greatness"

Der zweite Abschnitt ist „Adagio" überschrieben und schließt sich attacca an: auch der Text setzt den Gedanken von Nr. 30a fort: „And in the greatness of thine excellency thou hast overthrown them that rose up against thee." Dies ist wieder ein blockhaft-homophones, statisches Chor-Rezitativ von acht Takten + Pausentakt als Einleitung zu der großen Chorfuge, die die zweite Sequenz beschließt. Die Besetzung ist dieselbe, bis auf die Posaunen, Trompeten und Pauken, die hier schweigen. Die Oberstimmen beschreiben in repetierenden Noten einen Quartabstieg vom e" zum h'. Harmonisch ist dieser Satz von überraschender Kühnheit. Viereinhalb Takte lang verharrt der erste Sopran auf dem e". Die Harmonie wechselt von a-Moll im ersten Takt über eine denkbar scharfe Dissonanz (a im Bass mit Fagott und Continuo gegen b im Tenor mit Oboe II und Violen) auf dem Wort „great(ness)" in die entlegene Sphäre eines verminderten Septakkords auf „of thine" und einen gewöhnlichen Septakkord aus Fis auf „excellency" nach h-Moll, um zuletzt in E-Dur, der Dominante zur Ausgangstonart a-Moll, zu enden.[81] Die kühnen Akkordgänge heben die Worte „greatness of thine excellency" aus der Sphäre des Normalen, Erwartbaren heraus und bringen dadurch das Erhabene, die menschliche Vorstellungskraft Übersteigende der göttlichen Intervention zum Ausdruck.

Notenbeispiel 39 a–b: Nr. 30, And in the greatness, Takte 1–4, HHA I/14, 293.

MOSES' SONG

Nr. 30d „Thou sentest forth thy wrath"

Die anschließende Fuge ist kaum mehr als eine getreuliche Transkription des Chors „Fecit Potentiam" aus Erbas *Magnificat*. Auch die Form eines auskomponierten Crescendos ist von Erba übernommen. Beide, Händel und Erba, lassen erst 30 Takte lang die Fuge von einem der beiden Chöre nur von der Orgel begleitet bis zu einem kleinen Zwischenspiel singen, um dann in Takt 31 mit dem Fugenthema im Bass das volle Orchester und beide Chöre einsetzen zu lassen. Freilich nimmt Erbas Thema durch den Text, den Händel darin unterbringen muss, eine etwas andere Form an. Bei Erba beginnt und endet es in langen Noten:

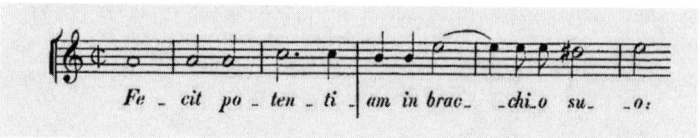

Notenbeispiel 40: Erba, Fecit potentiam, Chrysander-Ausgabe Suppl. I, 28.

Bei Händel beginnt es in langen Noten und geht dann in schnelle Viertel über:

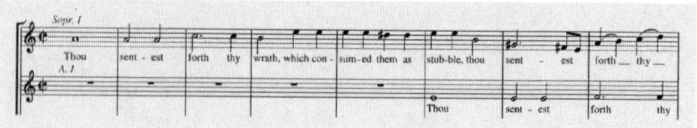

Notenbeispiel 41: Nr. 30c „Thou sentest forth thy wrath", HHA I/14, 310.

Diese Eigenart des Themas unterstreicht Händel in den drei Takten, die er seiner Vorlage am Schluss hinzufügt und die diese schnelle Passage dreimal wiederholen.

𝄢 Im Gegensatz zu den meisten anderen aus Erba oder anderswoher übernommenen Nummern und Passagen hat Händel dieses Stück nicht seinem Stil und dem Tenor des Werkes eingeschmolzen, sondern lässt es in all seiner archaischen Strenge aus dem Kontext herausstehen. Auch dies gehört offenbar zur Idee des Kontrasts, die ihn bei der Abfolge der Abschnitte leitet. Diese Fuge soll herausfallen.

Nr. 31 And with the blast of thy nostrils

Die neue Sequenz, die mit Nr. 31 beginnt, ist noch einmal ganz speziell dem Thema des Meerwunders gewidmet, von dem ja auch vorher ständig die Rede war. Das wird gleich mit den ersten Takten des Orchestervorspiels deutlich, einem auskomponierten Accelerando, das erst in Achtel-, dann in Sechzehntelbewegungen aufkommenden Sturm und Wellen abbildet, in jenen schaukelnden Terzenparallelen, die in diesem Zusammenhang immer wieder und am berühmtesten im Terzettino Nr. 10 „soave sia il vento" aus Mozarts Oper *Così fan tutte* vorkommen. Wiederum in starkem Kontrast zur archaischen Strenge des Vorhergehenden ist das moderne Musik, im empfindsamen Stil der neapolitanischen Schule. Der Chor ist auf vier Stimmen reduziert und vor allem das Orchester auf die Streicher, über die sich nur an bestimmten Stellen die Oboen in langgezogenen Noten darüberlegen. Auch in diesem Stück folgt jedoch Händel seiner Vorlage, dem „Deposuit potentes" in Erbas *Magnificat*, mit der er aber hier sehr viel freier, im Sinne der

Einschmelzung umgeht. So ersetzt er Erbas Eingangsritornell durch sein Wind-und-Wellenmotiv, bringt es dann aber am Ende, wobei es hier nicht viel „einzuschmelzen" gibt, weil auch schon Erbas Satz nach typischem Händel klingt.

Notenbeispiel 42: Nr. 31 „And with the blast", Takte 1–3, Chrysander-Ausgabe, 195.

Händels Chor lebt vom Gegensatz zwischen der bewegten, freudigen Polyphonie des Wasser-Themas und den monumentalen, repetierenden Vierteln, in denen der Satz „the floods stood upright as a heap" – das sind die Stellen, an denen die Oboen mit langgezogenen Noten hinzutreten – und im Bass „and the depth were congealed in the heart of the sea" gesungen werden. Ab Takt 29 schraubt sich der Sopran in diesen repetierenden, auf langer Note endenden Vierteln von d" bis gis" hoch, was an die Passage „King of kings, and lord of lords" im Halleluja-Chor des *Messiah* (Takte 57–67, hier von d" bis g") erinnert. Aber auch dies kommt andeutungsweise schon bei Erba zu den Worten *exaltavit humiles* („er erhöhte die Niedrigen") vor und zwar vor allem in den Oboenstimmen:

Notenbeispiel 43: Erba, Exaltavit humiles, Chrysander-Ausgabe Suppl. III, 49.

Nr. 32 und Nr. 33 sind zwei Arien, die einzigen Solonummern im dritten Teil. Sie sind deutlich als Paar konzipiert und kontrastieren den hastigen Übermut des ägyptischen Verfolgers (Nr. 32, Tenor) mit der freudigen Gelassenheit der geretteten Israelitin (Sopran). Beide Stücke haben keine bekannte Vorlage und sind von Händel offenbar neu komponiert. Sie sind kammermusikalisch begleitet, die Tenorarie von vierstimmigen Streichern, die Sopranarie von einem Bläsertrio, wobei das Continuo-Fagott durch Violen und Celli verstärkt ist.

Nr. 32 The Enemy said: I will pursue
Die Tenorarie steht in D-Dur, die Tempobezeichnung Andante ist eher schnell zu verstehen. Sie besteht, dem Text entsprechend, abwechselnd aus kurzen Phrasen „I will pursue", „I will overtake", „I will divide" und langen Sechzehntel-Vokalisen, ohne dass sich die gehetzten Ausrufe zu einer klaren arienhaft artikulierten Linie formen. Die fast durchgehende Sechzehntelbewegung des Orchesters verstärkt den Eindruck der aufgeregten Eile, mit der die ägyptischen Verfolger den Israeliten nachsetzen.

Nr. 33 Thou didst blow with the wind
Eine ähnliche Vermeidung arienhafter Melodiebildung kennzeichnet auch die Sopranarie in Es-Dur, in der jedoch eine ganz andere Stimmung herrscht. Das Tempo Andante larghetto ist deutlich langsamer, die musikalischen Phrasen sind viel länger ausgesponnen, jede Form von Hast und Atemlosigkeit verschwunden. Die interessante Begleitung durch Oboen, Fagotte und tiefe Streicher ist aus dem Motiv

des „Blasens" entwickelt: „Thou didst blow with the wind". In den Oboen taucht auch das Wellenmotiv in parallelen Terzen wieder auf.

Nr. 34a Who is like unto thee
Den Abschluss dieser Sequenz bildet wieder das Paar von kurzem deklamatorischen Chor-Rezitativ und Fuge. Der Doppelchor wird wieder vom vollen Orchester begleitet, im Rezitativ treten Oboen und Fagotte zu den Streichern, bei der Fuge dazu drei Posaunen. Das Rezitativ beschreibt eine Bogenlinie und bewegt sich in repetierenden Schritten in den Oberstimmen vom es" chromatisch aufsteigend zum g" und absteigend bis zum h', um auf e" zu enden. Der Bass beschreibt gegenläufig einen diatonischen Quartabstieg vom c zum G. Der Text besteht in rhetorischen Fragen, um abschließend noch einmal auf die Hand Gottes zurückzukommen: „Who is like unto thee, o Lord, among the Gods? who is like thee, glorious in holiness, fearful in praises, doing wonders, Thou stretchest out thy right hand." Hier zu enden, ist ein kühner Entschluss, denn der Nachsatz fehlt:

𝄢 „Thou stretchest out thy right hand: (and) the earth swallowed them." Dieser Nachsatz bildet den Text der anschließenden Fuge Nr. 34b.

Nr. 34b Thou stretchest out thy right hand
Noch einmal übernimmt Händel in den Singstimmen Note für Note den Text der Vorlage, den Satz „sicut erat in principio" von Erbas *Magnificat*, erweitert aber das Orchester um drei Posaunen, Oboen I und II und Fagotte und gibt ihm

damit ein ganz anderes Gewicht. Außerdem folgt Händel Erbas mit „fecit potentiam" eingeführtem, bei „Deposuit" nach dem Vorspiel über 25 Takte weitergeführtem und in „sicut erat" 21 Takte durchgehaltenem Prinzip des verzögerten Orchestereinsatzes, lässt aber die Bläser schon mit Takt 15 und die Streicher dann wie Erba mit Takt 22 einsetzen, was den Charakter eines stufenweisen Crescendo erheblich verstärkt.

Mit dieser Fuge endet der dem Meerwunder gewidmete Teil, der von der Rettung der Israeliten und dem Untergang der Ägypter handelt. Die folgende Sequenz ist dem Ausblick auf das Kommende gewidmet: der Führung der Geretteten zum Gottesberg und ins Gelobte Land.

Nr. 35 Thou in thy mercy hadst led out

Das Duett von Alt und Tenor „Thou in thy mercy" setzt wieder einen starken Kontrast zum Vorhergehenden mit seiner solistischen Besetzung und kammermusikalischen Begleitung (zwei Violen und Continuo). Es stellt eine freie Bearbeitung von Erbas Satz „Esurientes" dar, dessen 58 Takte es auf genau doppelte Länge erweitert (116 Takte). In Erbas Duett sind die beiden Stimmen, Tenor und Alt, nur vom Continuo begleitet. Es arbeitet mit zwei Themen, die den beiden Textzeilen entsprechen:

> Thema I:
> esurientes implevit bonis
> Die Hungrigen hat er mit Gütern gefüllt

Thema II:
et divites dimisit inanes
und die Reichen leer ausgehen lassen

Diesen „antithetischen Parallelismus", in dem zwei syntaktisch gleich gebaute Zeilen einen inhaltlichen Gegensatz ausdrücken, setzt Erba musikalisch mit zwei Themen um, die allerdings in musikalischer Hinsicht keinen besonderen Kontrast bilden. Ganz anders Händel. Auch er hat es mit zwei Zeilen zu tun, die einen Parallelismus bilden. Man würde ihn aber nicht als „antithetisch", sondern als „synthetisch" einstufen: der zweite Vers setzt den Gedanken des ersten fort:

> Thou in thy mercy hast led forth thy people
> which thou hast redeemed;
> Thou hast guided them in thy strength
> unto thy habitation.

Auch Händel verbindet die beiden Verse mit zwei verschiedenen Themen, die aber durchaus gegensätzlich gebaut sind und den Parallelismus als antithetisch verstehen. Das lässt sich durchaus vertreten: mercy, „Gnade", im ersten Vers steht strength, „Stärke", im zweiten gegenüber, ebenso wie der Gedanke der Herausführung im ersten dem der Heraufführung im zweiten.
𝄢 Nur das erste Thema, das er ein wenig beschwingter gestaltet, übernimmt er von Erba.

Notenbeispiel 44: Erba, Esurientes, Chrysander-Ausgabe Suppl. III, 49.

Notenbeispiel 45: Nr. 35 „Thou in thy mercy", Chrysander-Ausgabe, 221.

Genau wie Erba lässt Händel die beiden Stimmen – nach einem Vorspiel, das bei Erba fehlt – das Thema erst jede für sich und dann in imitatorischer Behandlung zusammen vortragen. Das zweite Thema aber sieht bei Händel vollkommen anders aus: Hier löst er sich von seiner Vorlage und geht eigene Wege.

Notenbeispiel 46: Erba, „et divites", Chrysander-Ausgabe Suppl. III, 51.

Notenbeispiel 47: Nr. 35 „Thou hast guided them", Takte 57–69, aus HHA I/14, 351.

Während Händels von Erba übernommenes erstes Thema mit seiner weitgehenden Abwärtsbewegung Gnade und Zuwendung von oben nach unten ausstrahlt, drückt das neue Thema mit seiner gleichsam „marschierenden" Aufwärtsbewegung in Vierteln die starke, entschlossene Führung nach oben, zum Gottesberg, der göttlichen „habitation" aus. Im letzten Teil (Takte 84–116) taucht das erste Thema wieder auf und verbindet sich mit dem zweiten in einem reizvollen Kontrapunkt. Mit diesem Stück endet die Bearbeitung von Erbas *Magnificat*.

Nr. 36 The people shall hear and be afraid

Der folgende Chor Nr. 36, einer der großartigsten Chöre, die Händel geschrieben hat, verwendet keine Vorlagen, bis auf einen später eingeschobenen Abschnitt von 33 Takten, der ein Motiv aus Stradellas Serenata *Qual pridigio* aufgreift. Er baut auf dem Gegensatz auf von „the people", im Hebräischen Plural ('*amîm*, „Völker") und „thy people" (Singular, '*am-kha*): Die Völker werden (es) hören und vor Schreck erstarren, bis dein Volk, JHWH, vorbeigezogen ist, das du erworben hast. Solange von „den Völkern" die Rede ist, über 60 Takte, herrscht im Orchester, largo e staccato, eine Begleitung in repetierenden, scharf punktierten Viertelschlägen.

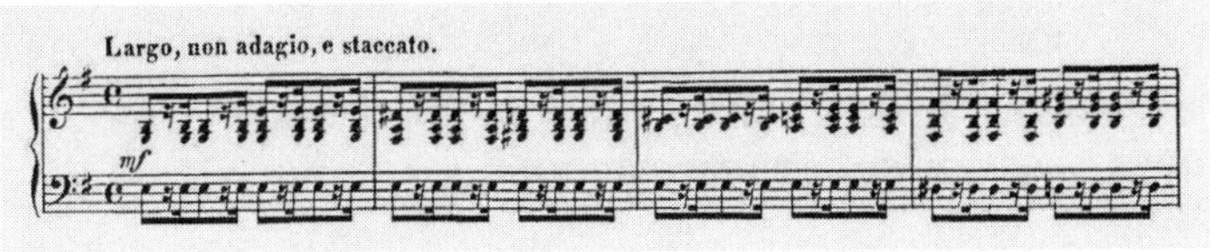

Notenbeispiel 48: Nr. 36 „The people shall hear", Takte 1–4 (Klavierauszug), Chrysander-Ausgabe, 226.

Das ist der Rhythmus des stockenden Herzschlags, der das entsetzte Erstarren der Völker zum Ausdruck bringt, durch die Israel auf seiner Wanderung ins Gelobte Land hindurchzieht. In dem Chor Nr. 3 „How is the mighty fall'n" ging es um die erstarrte Trauer angesichts des Todes von Joseph. In „Ah, Crudel!" (*Rinaldo*) erstarrt die verschmähte Armida vor Verzweiflung, ebenso wie Pamina („Ach, ich fühls ...") in Mozarts *Zauberflöte*. In dem schnellen Tempo, in dem dieser Chor heutzutage meist gespielt wird, geht der Charakter der Erstarrung verloren; man denkt dann eher an die freudig ins Gelobte Land marschierenden Hebräer. Diesen Gedanken hätte Händel jedoch anders komponiert, wie die Folge zeigt:

𝄢 Der zweite Teil (Takte 61–105) dagegen ist in den Singstimmen und den ab hier *colla parte* geführten Instrumentalstimmen von Skalenaufgängen geprägt, die wieder den Gedanken des „Aufstiegs" (hebräisch 'aliyah „Aufstieg" = „Einwanderung") ausdrücken:

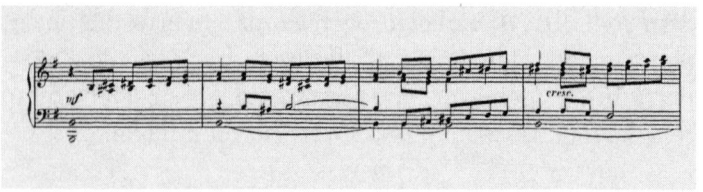

Notenbeispiel 49: Nr. 36 „till thy people pass over", Takte 63–66, Klavierauszug, Chrysander-Ausgabe, 240.

> The people shall hear and be afraid,
> sorrow shall take hold on them;
> all the inhabitants of Canaan shall melt away.
> By the greatness of thy arm they shall be still as a stone,
> till thy people pass over, o Lord,
> which thou hast purchased.

Wörtlicher übersetzt[82] lautet der hebräische Text:

> Die Völker hörten (es) und erbebten,
> Wehen ergriffen die Bewohner Philistäas.
> *Damals entsetzten sich die Stammesführer Edoms,*
> *die Anführer Moabs, Zittern ergriff sie.*
> Es verzagten alle Bewohner Kanaans;
> *über sie fällt Furcht und Schrecken,*
> durch die Größe deines Arms werden sie starr
> wie ein Stein,
> während dein Volk, JHWH, vorüberzieht,
> während vorüberzieht das Volk, das du erworben hast.

Zum dritten Mal in diesem Lobgesang ist von der Hand bzw. dem Arm Gottes als dem Symbol seiner rettenden Intervention die Rede. Durch Weglassung der hier kursiv gesetzten Verse gewinnt Händel einen prägnanten Text, der sich gut seiner Zweiteilung fügt. In der ursprünglichen Fassung hatten die beiden Teile ungefähr gleiche Länge: I (Takte 1–25, 56–61), II (Takte 63–105), also 31 : 43 Takte. Der spätere Einschub von 33 Takten in den ersten Teil auf die Worte „all th'inhabitants of Canaan shall melt away" erweitert diesen Teil aber erheblich.

𝄢 Dieser Einschub auf zwei eingelegten Blättern (fol. 65–66)[83] erfolgte offensichtlich, als sich Händel für die Komposition des zweiten Teils „Exodus" mit Stradellas Serenata *Qual prodigio* beschäftigte und auf das Duett „Amiche, nemiche" (Freundinnen, Feindinnen) stieß:

Notenbeispiel 50: Stradella Nr. 7, Duett „Amiche, nemiche", Chrysander-Ausgabe Suppl. III, 24.

Von diesem kleinen Motiv, das ihm für die Idee des „Wegschmelzens" geeignet erschien, ließ sich Händel offenbar zu dem Einschub von 33 Takten anregen:

Notenbeispiel 51: Nr. 36, Takte 25–28, „all th' inhabitants of Canaan shall melt away", HHA I/14, 360.

Von einer „Entlehnung" kann hier freilich angesichts der vollkommen eigenständigen Verwendung dieses winzigen Motivs kaum die Rede sein. Durch diesen langen Einschub erhält der Chor eine Dreiteilung:

> I: the people shall hear ...
> II: th'inhabitants of Canaan ...
> III: till thy people pass over ...

I und II sind bei aller Verschiedenheit der Singstimmen durch den in der Orchesterbegleitung fortlaufenden punktierten Rhythmus enger verbunden. Teil III aber gewinnt dadurch einen ganz eigenartigen, sehnsuchtsvollen Charakter, dass das Aufstiegsthema sich über liegenden Orgelpunkten in Septakkorden aufbaut. Zunächst im Quintenzirkel absteigend: H7 (Takte 63–68), E7 (72–75), A7 (77–80), dann in unmittelbarer Abfolge der Orgelpunkte chromatisch aufsteigend: H7 (83–85), His7 (86–87), Cis7 (88–92, also 5 Takte!), Dis7 (95–96), E7 (97–98). Diese nach Auflösung rufenden Septakkorde, die zu Händels Zeiten als Dissonanz galten, bringen mit einer geradezu magischen Eindringlichkeit die Sehnsucht nach dem Gelobten Land zum Ausdruck, das nun, nachdem Ägypten verlassen und das Rote Meer durchquert ist, als Ziel des Auszugs vor Augen steht. Die Wortfolge „pass over", die als Ziel des Skalenaufstiegs zugleich das Ziel der Wanderung ausdrückt, gibt im Englischen zugleich den Namen des Passa- oder Pessach-Fests wieder. Dabei geht es um eine dreifache „Passage": das verschonende Vorbeiziehen des „Verderbers" an den Türen der Hebräer, die Durchquerung des Roten Meers und die Durchquerung der Wüste und der in und um Kanaan siedelnden Völker.

🎵 Wie in Nr. 30b hebt Händel auch in diesem Chor das Wort „greatness" durch eine kühne Akkordrückung hervor. In den Takten 57 und 58 geht er von G-Dur auf „by the" mit einer scharfen Dissonanz des Vorhalt-d' im Sopran II zum es im Tenor zu c-Moll auf „greatness" über, um auf „of thy arm" über einen verminderten Septakkord aus G, einen Septakkord auf Fis, in H-Dur zu enden.

Nr. 37 Thou shalt bring them in

Auf den gewaltigen Chor Nr. 36 folgt in denkbar kontrastiver Fügung eine Alt-Arie in E-Dur, einer entlegenen Tonart, die Händel in dem ganzen Oratorium nur dieses einzige Mal verwendet, die sich aber an das e-Moll, in dem der vorausgehende Chor endete, wunderbar anschließt. In diesem Satz, den Händel „Largo e mezzo piano" überschreibt, verbreitet sich ein beglänzter Frieden. Wenn der vorhergehende, in e-Moll endende Chor Sehnsucht ausdrückte nach der verheißenen paradiesischen Gottesnähe, dann erfüllt sie sich in dieser Arie. Das Orchester ist auf zwei Violinstimmen und Basso continuo reduziert. Ein charakteristisches, immer wiederkehrendes Motiv (vgl. Notenbeispiel 52, S. 154) erinnert an den Chor „And the glory of the Lord" in *Messiah*, Takte 4–8.

🎵 Auch diese Arie ist zweigeteilt in zwei Verspaare mit zwei verschiedenen, wenn auch sehr ähnlichen Themen, entsprechend dem synonymen Charakter des Parallelismus, in dem die zweite und die dritte Zeile zueinander stehen.

Thema I:
Thou shalt bring them in, and plant them in the
mountain of thine inheritance, in the place, o Lord,
which thou hast made for thee to dwell in;

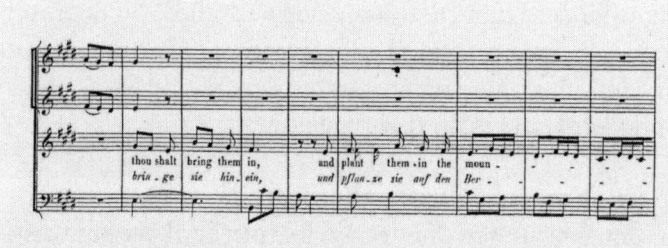

Notenbeispiel 52: „Thou shalt bring them", Takte 21–29, Thema I
(Chrysander-Ausgabe, 230).

Thema II:
in the sanctuary, o Lord,
which thy hands have established.

Notenbeispiel 53: „Thou shalt bring them", Takte 68–75, Thema II
(Chrysander-Ausgabe, 232).

Nr. 38 The Lord shall reign und
Nr. 39 Sing ye to the Lord

Der Schluss des dritten Teils ist zyklisch aufgebaut. Hier wiederholt sich viermal ein Refrain, und der abschließende Chor nimmt wie auch in der biblischen Vorlage den Anfang („I will sing unto the Lord") wieder auf:

38a	Refrain: The Lord shall reign forever and ever
38b	Rezitativ (Tenor): For the horse of Pharaoh ...
38 a'	Refrain: The Lord shall reign forever and ever
38 c	Rezitativ (Tenor): And Miriam the prophetess ...
39a	Solo (8 Takte): Sing ye to the Lord ...
38 a''	Refrain (5 Takte): The Lord shall reign ...
39b	Solo (5 Takte): The horse and his rider ...
38 a'''	Refrain (5 Takte): The Lord shall reign ...
39	Chor (in Wiederaufnahme des Anfangs): for he hath triumphed gloriously

Der Vers Exodus 15,18 (vgl. Ps 93,1) tritt im biblischen Meerlied nicht mehrfach auf, seine Verwendung als Refrain geht also auf Händels Konto. Sie bindet diese letzte Sequenz zu einem Ganzen zusammen.

𝄢: Der doppelchörige Gesang wird vom vollen Orchester mit Posaunen I–III, Trompeten I und II, Pauken, Oboen I und II, Fagotten und vierstimmigem Streichersatz begleitet. Als Tempo ist „A tempo giusto" vorgeschrieben, die Tonart ist wieder wie am Anfang C-Dur. Bei seinen ersten beiden Auftritten umfasst der „Refrain" 17 Takte, während seine dritten und vierten Auftritte, mit denen der Chor auf das Solo der Vorsängerin Miriam antwortet, auf 4 + 2/2 Takte verkürzt sind. Die Takte 23–85, die an den letzten Auftritt des Refrains anschließen, sind eine wörtliche Reprise der Takte 4–66 des Chors „I will sing unto the Lord", wie ja auch das Miriam-Lied Ex. 15,21 das Mose-Lied Ex. 15,1 fast wörtlich („sing ye" statt „I will sing") wiederholt.

🎵: Der Chor lebt von den langen Vokalisen auf „gloriously" und dem atemlos jubilierenden, immer wiederholten „the horse and his rider", in das hinein sich in verschiedenen Stimmen das „bogenförmige" Thema majestätisch und cantus-firmus-artig erhebt.

Wenn man davon ausgeht, dass Händel nach der Beendigung des Oratoriums *Saul* zunächst nichts anderes vorschwebte, als Moses Lobgesang nach der Durchquerung des Roten Meers und der Errettung vor den ägyptischen Verfolgern zu vertonen, und zwar als Anthem, die englische Form einer Psalm-Motette, dann mag es für ihn nahegelegen haben, dafür auf das alte *Magnificat* von Dionigi Erba zurückzugreifen, das er sich in der Entstehungszeit von *Israel in Egypt* von einer heute verlorenen Vorlage (Chrysander vermutet einen Satz gedruckter Stimmen) abgeschrieben hatte.[84] Der Lobgesang der Maria ist in seiner Bedeutung das neutestamentliche Gegenstück zum Lobgesang des Mose im Alten Testament. Auch wenn Lk 1,46–55 ebenso wie Lk 1,68–79 (der Lobgesang des Zacharias), ihr alttestamentliches Vorbild in 1 Sam 2,1–10, dem Lobgesang der Hannah haben, weil es in allen diesen Lob- und Dankliedern um die Geburt eines Kindes geht, hat Händel doch vollkommen recht, wenn er Moses und Marias Lobgesang in Parallele setzt, denn um nichts anderes geht es ihm, wenn er Erbas *Magnificat* aus der Schublade zieht, um es für seinen Lobgesang zu bearbeiten. Der Lobgesang der Maria bezieht sich auf eine Zeitenwende, eine allumfassende Rettung und Gründung, und dasselbe gilt für den Lobgesang Moses und der Israeliten. Warum hat aber dann Händel nicht gleich den Lobgesang der Maria vertont, den lateinischen Text wie Bach oder den englischen in der King George Version? Ein Blick auf Händels Oratorienwerk genügt, diese Frage zu beantworten. Mit Ausnahme von *Messiah* beziehen sich alle biblischen Oratorien auf das Alte Testament, und selbst der Text von *Messiah* besteht überwiegend aus alttestamentlichen Zitaten. Das England des 17. und 18. Jahrhunderts lebt im Alten Testament und identifiziert sich mit dem Volk Israel.

𝄢 Dionigi Erbas *Magnificat* ist ein prachtvolles Werk, das durchaus eine Neuaufführung und Einspielung verdient hätte. Händel hatte recht, es der Vergessenheit zu entreißen, in der es sonst zweifellos verschwunden wäre, denn außer Händels eigener Abschrift existiert nur noch eine einzige andere Kopie.[85] Ohne Händels Wiederbelebung dieses Werks hätte Friedrich Chrysander es nie als Supplement I in seine Ausgabe von Händels Werken aufgenommen.[86]

Einlagearien für spätere Aufführungen

Nichts spricht deutlicher für Händels Eindruck eines Misserfolgs bei der Uraufführung als die Tatsache, dass er darauf mit der Streichung bzw. Kürzung von Chören und der Einfügung von fünf Sopranarien reagierte, sich also von der ursprünglichen Konzeption eines reinen Anthem-

Oratoriums trennte. Offenbar hat in seinen Augen die Konzeption eines „Anthem-Oratoriums", die er mit diesem Oratorium zum ersten und letzten Mal realisierte, nicht funktioniert. So strich er den Eingangschor von Teil zwei und vereinigte dessen Text mit dem ersten und zweiten Rezitativ zu einem langen Eingangsrezitativ[87], strich den Chor Nr. 22 „Egypt was glad" und fügte dafür die Arien „Through the land" und „Angelico splendor" ein, sodass dieser Teil nun zusammen mit Nr. 16, der Frosch-Arie, drei Arien umfasste. Im dritten Teil wurden der Chor Nr. 30c „Thou sentest forth" und Nr. 36 „The people shall hear" gestrichen und dafür drei Arien eingefügt: „Cor fedele" und „Bianco giglio" mit einem kurzen Rezitativ dazwischen nach Nr. 30 und „La speranza" anstelle des herrlichen Chors Nr. 36. Zusammen mit den drei bestehenden Arien enthielt dieser Teil nun sechs Arien, dazu drei Duette. Der entscheidende Gesichtspunkt bei der Auswahl der Einlagearien war der Wunsch, seine Sopranistin Elisabeth Duparc, genannt La Francesina, eine gefeierte Virtuosin, möglichst vorteilhaft in Szene zu setzen.[88] So wählte er fünf Arien, die er für spätere Aufführungen der Oratorien *Esther* und *Athalia* nachkomponiert hatte und mit denen die Francesina wohlvertraut war. Diese Arien wurden aus den Partituren von *Athalia* und *Esther* herauskopiert, mit N (wohl für „new") 1–4 bezeichnet und an den entsprechenden Stellen in die Direktionspartitur von *Israel in Egypt* eingeklebt.

𝄢 Nr. 22a = N1: „Through the land" aus *Athalia* (Nr. 18b)[89] anstelle des Chores Nr. 22 „Egypt was glad", N2: „Angelico splendor" aus *Esther* nach dem Chor Nr. 23c „But the waters", N3: „Cor fedele" sowie das Rezitativ „Offra un core devoto" und die Arie „Bianco giglio"[90] anstelle des Chores Nr. 30b „And in the greatness" und N4: die umgetextete Arie „La speranza, la costanza" aus *Esther* nach dem Duett Nr. 35 „Thou in thy mercy" anstelle des Chors Nr. 36 „The people shall hear", eines der bedeutendsten Chöre, die Händel geschrieben hat.[91] Die italienischen Arien „Angelico splendor", „Cor fedele", „Bianco giglio" und „La speranza, la costanza" hat Händel für die Wiederaufnahmen von *Esther* 1735 und 1737 geschrieben, als er italienische Kastraten in der Rolle des Ahasverus zur Verfügung hatte: Giovanni Carestini (Alt, Mezzosopran) 1735 und Domenico Annibale (Mezzosopran) 1737, dazu Gioacchino Conti (Sopran) in der Rolle eines Israeliten. Da sie des Englischen nicht mächtig waren, durften sie ihre umgedichteten und nachkomponierten Arien und Rezitative auf Italienisch singen. In einer ähnlichen Situation war Elisabeth Duparc, La Francesina, in *Israel in Egypt* 1739.

1. „Through the land"
Diese Arie der Josabeth aus dem Oratorium *Athalia* (1733), die ursprünglich in d-Moll stand und mit den beiden in parallelen Terzen geführten Blockflöten eine unverkennbar pastorale Stimmung ausstrahlte, hat Händel für die Wiederaufnahme 1735 neu komponiert und dafür auf die kurz zuvor entstandene Arie des Ruggiero „Bramo di trionfar" aus der Oper *Alcina* (Nr. 11, dort B-Dur) zurückgegriffen, die er auch für die Aufführung des Oratoriums *Deborah* 1744 verwendete („Cease, o Judah", Fassung b[92]). Es handelt sich um den nicht eben häufigen Fall eines Transfers zwischen Oper und Oratorium. Dabei veränderte die Arie vollkommen ihren Cha-

rakter, von pastoralem Frieden zu freudigem Kampfesmut. Es handelt sich um eine brillante Aria di bravura, in der die Francesina in ausgedehnten Koloraturen und einer großen Kadenz (Takte 48/49) ihre ganze Virtuosität entfalten konnte.

> „Through the land, so lovely blooming,
> Nature, all her charms resuming,
> wakes the soul to cheerful praise.
> Verdant scenes around us rising,
> each delightful sense surprising
> softly crown the circling days."

> Durch das Land, so lieblich blühend,
> weckt Natur mit all ihrem Zauber
> die Seele zu freudigem Preis.
> Grünende Szenen steigen um uns auf,
> überraschen jeden entzückten Sinn
> und krönen sanft die kreisenden Tage.

Wenn man die Verwüstungen bedenkt, die in den vorhergegangenen Plagen über Ägypten hinweggegangen sind, lässt sich ein in diesem Zusammenhang unpassenderer Text kaum vorstellen. Vor allem die Hagel- und die Heuschreckenplage können wenig übrig gelassen haben von „grünenden Szenen" und „blühender Natur". Aber nicht wegen des Texts, sondern wegen der musikalischen Qualität hat Händel sie hier wie schon in *Esther*, in dem Pasticcio *An Oratorio* vom März 1738 und später in *Deborah* (1744) eingefügt. Die Tonart ist C-Dur, Tempobezeichnung Andante, Taktart ¾. Die unisono geführten Oboen konzertieren mit einem vierstimmigen Streichersatz. Der A-Teil umfasst 56

Takte und wird nach einem kurzen B-Teil von zehn Takten da capo wiederholt.

𝄢 Durch die Einfügung der Arie an dieser Stelle konnte Händel die gewaltige Sequenz der den Plagen gewidmeten Chöre 17–22 – die er in jeder seiner späteren Bearbeitungen geschlossen beibehalten hat – durch zwei Arien (Nr. 16 und Nr. 22a) einrahmen und deutlich vom Folgenden abgrenzen.

2. „Angelico splendor"
Nach dem Chor Nr. 23c („but the waters ...") fügte Händel für die zweite und dritte Aufführung die (von A-Dur nach B-Dur transponierte) Arie „Angelico Splendor" ein, die er für die Aufführung von *Esther* 1737 auf der Grundlage einer Arie von Telemann[93] nachkomponiert hatte und auch 1743 (?) für eine Aufführung von *Athalia* wiederverwendete.[94] Auch diese eher konventionelle Arie ist eine typische Aria di bravura. Eine Tempobezeichnung fehlt, ist aber zweifellos als schnelles Allegro zu ergänzen (schon aufgrund der beträchtlichen Länge: der A-Teil umfasst 111 Takte und wird nach einem B-Teil von 25 Takten *dal segno* (in Takt 15) wiederholt. Die Taktart ist ¾. Das Orchester ist reduziert auf unisono geführte Violinen und Basso continuo. Der Text spricht den geretteten Israeliten Mut zu:

Angelico splendor	Möge engelhafter Glanz
rischiari il nobil cor	das edle Herz erleuchten.
fugga il martoro.	Möge die Qual fliehen.
Di voi sia scorta ogn'or	Mög euch allzeit begleiten
v'inspiri[95] un santo ardor	und mit heiliger Glut begeistern
d'angioli un coro.	ein Chor von Engeln.

3.–4. „Cor fedele", „Bianco giglio"
Die wunderbare Arie „Cor fedele", die Händel für die Aufführung von *Esther* 1737 nachkomponierte, als er den Kastraten Domenico Annibale in der Rolle des Ahasverus zur Verfügung hatte, basiert auf der Arie „Dulcis amor, Jesu care" aus der Motette *Sileti Venti* von 1724.[96] Sie steht dort in g-Moll, in *Esther* in e-Moll. Für *Israel in Egypt* gibt Händel „N 3 Cor fedele ex G S^a Francesina" an, kehrt also zur ursprünglichen Tonart g-Moll zurück.[97]

> Cor fedele spera sempre
> d'addolcir l'amare tempre
> che son causa di dolor.
> Bella pace trova all'alma
> nel sperar placida calma
> radolcisce ogni rigor.
>
> Das treue Herz hofft immer
> die bitteren Härten zu versüßen,
> die Ursache der Schmerzen sind.
> Schöner Frieden findet sich in der Seele
> in der Hoffnung auf sanfte Ruhe,
> die jede Strenge versüßt.

„Cor fedele" ist keine Bravour-, sondern eine eher empfindsame Arie, die der Francesina Gelegenheit gab, ihre Ausdrucksfähigkeit in Szene zu setzen. Die Tempobezeichnung ist Larghetto. Der A-Teil umfasst 33 Takte und wird nach einem B-Teil von 15 Takten dal segno in Takt 7 wiederholt.

EINLAGEARIEN FÜR SPÄTERE AUFFÜHRUNGEN

☙ In einer von John Christopher Smith besorgten Kopie erscheint „Cor fedele" zusammen mit einem Rezitativ „Offra un core devoto" und der Arie „Bianco giglio". Dieser Komplex, der auch in dem „Oratorio" von 1738 vorkommt, wurde wohl als Ganzes nach Nr. 30 „Thy right hand" für die späteren Aufführungen von *Israel in Egypt* anstelle von Nr. 30c „Thou sentest forth" eingefügt.[98] In den Wiederaufnahmen von *Esther* 1735 und 1737 erscheint „Bianco giglio" als letzte Arie des Ahasverus, die unmittelbar in den Schlusschor überleitet.

Rezitativ:
Offra un core devoto
una bella innocenza ognora in voto.

Ein hingebungsvolles Herz bietet dar
allezeit im Gelübde eine schöne Unschuld.

Arie:
Bianco giglio, intatto fiore,
dunque sia d'ognuno il core
chi la palma vuol aver.
Spira un aura sempre grata
che fa l'alma fortunata,
chi sol pensa al suo dover.

Weiße Lilie, unberührte Blume,
so sei daher eines jeden Herz,
der die (Sieges-)Palme besitzen möchte.
Wer nur an seine Pflicht denkt,
wird immer einen angenehmen Hauch atmen,
der die Seele glücklich macht.

„Bianco giglio" trägt die Tempobezeichnung Allegro und ist wieder eher als eine Bravourarie einzustufen. Händel hatte sie (wie „Cor fedele") für die Aufführung von *Esther* 1737 nachkomponiert. Die Tonart ist D-Dur, die Taktart ist im A-Teil (bis Takt 57) ¼, im überraschend umfangreichen B-Teil (Takte 58–169) ⅜. Das Orchester besteht aus zwei Oboen und vierstimmigem Streichersatz. Die für Bravourarien typische Kadenz steht im B-Teil (Takte 164/65).

5. „La speranza, la costanza"
Händel hatte diese Arie wie „Angelico splendor", „Cor fedele" und „Bianco giglio" für das Oratorium *Esther* 1735 und 1737 nachkomponiert, als er italienische Sänger zur Verfügung hatte. So lag es nahe, sie auch in *Israel in Egypt* einzufügen. Der ursprüngliche Text („tua bellezza, tua dolcezza vincerà del Rege il cor") wurde notdürftig umformuliert.[99] Um diese Arie unterzubringen, wurde der grandiose Chor Nr. 36 „The people shall hear" gestrichen und der Chor Nr. 34 um die Teile 34b „thou stretchest out" und „the earth swallowed them" gekürzt.

> La speranza, la costanza
> vincerà col suo valor,
> e compagno pur del l'opra
> sarà ancor divino amor.
>
> Die Hoffnung, die Beständigkeit
> wird mit ihrer Kraft siegen,
> und Gefährte nur des Werkes
> wird göttliche Liebe sein.

Es handelt ich um eine ausgeprägte (und einigermaßen konventionelle) Aria di bravura. Die Tempobezeichnung ist Allegro, die Tonart D-Dur, die Taktart ¾. Die Violinen begleiten unisono über dem Basso continuo. Der A-Teil umfasst 61 Takte und wird nach einem kurzen B-Teil von 17 Takten da capo wiederholt.

6. „Toss'd from thought to thought"
In der Fassung von 1757 fügte Händel nach Nr. 37 „Thou shalt bring them in" und vor dem Schlusschor Nr. 38 „The Lord shall reign" die reizvolle Sopranarie der Cleopatra „Toss'd from thought to thought" aus *Alexander Balus* (Nr. 19) ein[100], die mit der Arie „Thou shalt bring them" einige Ähnlichkeiten aufweist, sodass man sie sich eher anstelle von, anstatt im Anschluss an Nr. 37 vorstellen kann.

> Toss'd from thought to thought I rove,
> joys surround me, fears confound me
> till my heart is fix'd above.
> Heav'n that ever glorious seat,
> all inviting, all delighting,
> can alone our joys complete.

> Hin- und hergeworfen von Gedanken zieh ich umher,
> von Freuden umgeben, von Furcht verwirrt,
> bis mein Herz droben Halt findet.
> Der Himmel, der ewig prächtige Sitz,
> all-einladend, all-beglückend,
> kann allein unsere Freuden vervollständigen.

In der Originalfassung als Arie der Cleopatra lautet der Text:

> Tost from thought to thought I rove,
> joys surround me, fears confound me,
> ev'ry passions thine O love.
> Love, thou pleasing, irksome guest,
> wishes rising, doubts surprising
> give thy changeful tide no rest.

> Hin- und hergeworfen von Gedanken zieh ich umher,
> von Freuden umgeben, von Furcht verwirrt,
> allen deinen Leidenschaften, o Liebe.
> Liebe, du angenehmer, koboldhafter Gast,
> aufsteigende Wünsche, überraschende Zweifel
> lassen deinen wechselnden Gezeiten keine Ruhe.

Wenn diese Kleopatra auch nicht mit der berühmten Kleopatra VII. verwechselt werden darf, die hundert Jahre später lebte, fühlte sich Händel offenkundig an seine Kleopatra aus *Giulio Cesare in Egitto* erinnert, zu deren musikalischem Charakterbild auch diese Arie gut passen würde.[101] Die Tempobezeichnung ist Andante Larghetto, A-Dur, ⅜, 235 Takte. Die Arie verbindet empfindsame und virtuose Züge. Sie ist ohne da capo durchkomponiert, auch wenn eine A–B–A-Form durchscheint.

7. „Hope"
Für die Aufführung 1756 fügte Händel bzw. John Christopher Smith zwischen 24a („And Israel saw ...") und 24b („and believed ..."), die doch eng aufeinander bezogen sind und zwei Teile desselben Bibelverses vertonen, die Arie „Cor

fedele spera sempre" in englischer Übersetzung ein. In dieser Übersetzung hatte Händel die Arie in der Aufführung von *Esther* 1751 verwendet.[102] Die Einfügung schien ihm wohl semantisch gerechtfertigt: Israel sah (24a), hoffte (24b) und glaubte (24c).

> Hope, a pure and lasting treasure
> pouring in its balmy pleasure,
> sooth's the bitter pangs of woe;
> Hope, to trust in heav'n inviting,
> now with peaceful views delighting
> clears the gloomy storms below.

> Hoffnung, reiner, bleibender Schatz
> strömt balsamische Lust aus,
> mildert die bitteren Stiche des Leids.
> Hoffnung, auf den einladenden Himmel zu vertrauen,
> nun mit friedvollen Aussichten zu entzücken,
> klärt die finstern Stürme drunten.

Auf diesem Text beruht die deutsche Übersetzung von Karl Klingemann, die Mendelssohn für seine Aufführung des Oratoriums am 26. Mai 1833 verwendete:[103]

> Hoffnung lindert unsre Schmerzen,
> gießet Balsam in die Wunden,
> die uns bittrer Jammer schlug.
> Hoffnung zeigt zum Trost nach oben,
> treu, wenn alles uns verlassen,
> strahlt durch Nacht ein heller Stern.

Man kann sich vorstellen, welche Überwindung es Händel gekostet haben muss, die reine Anthem-Form seines ausschließlich auf Bibeltexten basierenden Oratoriums durch die Einfügung italienischer Da-capo- und Dal-segno-Arien zu zerstören, deren sentimentale Texte mit dem Thema des Auszugs aus Ägypten nicht das Geringste zu tun haben. Die einzige Möglichkeit, diesen Texten irgendeinen Sinn abzugewinnen, scheint mir darin zu bestehen, sie auf Händel und seine Sänger und Musiker selbst zu beziehen. Das edle Herz ist von Engelchören inspiriert, das treue Herz hofft immer, ein hingebungsvolles Herz bietet sich im Gelübde dar, das Herz, das den Sieg davonträgt, sei wie eine weiße Lilie, Hoffnung und Beständigkeit werden siegen – das sind alles Lieder zur Ermutigung, die Händel und sein Ensemble dringend brauchten, um nach dem Fiasko der Premiere noch eine zweite und dritte Aufführung zu wagen. Das Publikum wird diesen Sinn kaum durchschaut haben, aber darauf kam es Händel nicht an. Er und seine Freunde mögen sich augenzwinkernd über den geheimen Sinn dieser im thematischen Zusammenhang des Oratoriums vollkommen unsinnigen Einlagen verständigt haben. Andererseits lässt sich aber wohl auch nicht leugnen, dass Händel in der Umarbeitung seiner Werke und der Wiederverwendung älteren Materials mit einer gewissen Unbekümmertheit hinsichtlich des Sinnzusammenhangs zu Werke ging. Das zeigt sich besonders krass in der Fassung, die er mit der Unterstützung von John Christopher Smith Jr. für die Wiederaufahmen des Oratoriums 1756 und 1757 fertigstellte. Hier hat er anstelle der „Lamentation for the death of Joseph" (des umgetexteten *Funeral Anthem* für Königin Caroline) das Oratorium *Solomon* für den ersten Akt herangezogen. Salomos Part wird auf Joseph umgetextet, der hier nicht beklagt wird, wie in der ursprünglich als erster Akt vorgesehenen Trauerode für Königin Caroline, sondern als weiser Herrscher gefeiert. Für die Wiederaufnahme von *Solomon* am 2. und 7. März 1759 hat Händel den gesamten ersten Akt gestrichen, aus dem die meisten der für *Israel in Egypt* verwendeten Stücke stammen.[104]

> 1. Ouverture
> B-Dur, [Largo], Allegro moderato, ¼ Takt, Allegro
> ¾ Takt. Oboe I+II, vierstimmiger Streichersatz, Continuo mit Fagott I+II.
> 2. Chorus: Your harps and cymbals sound
> B-Dur, ¾. Doppelchörig; Oboe I+II, Fagott, fünfstimmiger Streichersatz (Viola I+II), Continuo mit Fagott I+II.

Your harps and cymbals sound
to great Yehova's praise
To the lord of hosts
your willing voices raise

Lasst Eure Harfen und Zimbeln erklingen
zum Lobe des großen Jehova,
zum Herrn der Heerscharen
erhebt eure willigen Stimmen!

> 3. Accompagnato: Allmighty pow'r (Im Original Nr. 4[105]: *Solomon*, Mezzosopran; hier: Tenor)
> f-Moll, ¾, Largo assai. fünfstimmiger Streichersatz, Fagott I+II. Continuo ohne Fagott.

Almighty pow'r!
who rul'st the earth and skies,
and bad gay order
from confusion rise
thy servant Joseph
with thy favour grace,
and shed thy heav'nly glories
o'er this place!

Allmächtige Gewalt!
Die du die Erde und die Himmel beherrschst,
und der freudigen Ordnung gebotest,
aus der Unordnung sich zu erheben;
Deinem Diener Joseph
schenke deine Gunst
und gieße deine himmlische Glorie aus
über diese Stätte.

4. Air: Sacred raptures (High Priest, im Original
Nr. 6: Zadok, Tenor) F-Dur, ¼, Maestoso. Violen unisono
+ Continuo (ohne Fagott)

Sacred raptures cheer my breast,
rushing tides of hallow'd zeal
joys too fierce tob e expressed
in this swelling heart I feel,
Warm enthusiastic fires
in my panting bosom roll
hope of bliss that ne'er expires
dawns upon my ravish'd soul.

Heilige Verzückungen grüßen meine Brust,
stürmische Wellen geweihten Eifers,
Freuden, zu stark, sie auszudrücken
fühl ich in diesem schwellenden Herzen.
Heiß begeistertes Feuer
wogt in meinem atemlosen Busen,
Hoffnung nicht endenden Segens
dämmert auf in meiner entzückten Seele.

5. Recitative: Bless'd be the Lord (Joseph; im Original
Nr. 8: *Solomon*, Mezzosopran) a-Moll, ¼.

Bless'd be the Lord
who look'd with gracious eyes
upon his vassal's humble sacrifice!

Gesegnet sei der Herr,
der mit gnädigem Blick
auf seines Vassallen bescheidenes Opfer schaute!

6. Air: What though I trace (Joseph; im Original
Nr. 8: *Solomon*, Mezzosopran) E-Dur, ¼, Larghetto e un
poco piano.

What though I trac'd
each herb and flow'r
that drink the morning dew,
did I not own Jehova's pow'r
how vain were all I knew!

Erforscht ich auch
jedes Kraut, jede Blume,
die den Morgentau trinken,
und ehrte nicht Jehovas Macht –
wie vergeblich wäre all mein Wissen!

7. Recitative: Prais'd be the Lord (1. Israelitin, Sopran.
Im Original II. Akt Nr 16: *Solomon*) a-Moll, d-Moll

Prais'd be the Lord,
from whom all wisdom springs;
I bow inraptured
to the king of kings.

Gepriesen sei der Herr,
von dem alle Weisheit kommt;
hingerissen verneige ich mich
vor dem König der Könige.

8. Air: When the sun (1. Israelitin, Sopran. Im Original
Nr. 16: *Solomon*[106]) a-Moll, ¾, Larghetto. Violen unisono +
Continuo.

When the sun o'er yonder hills
pours in tides the golden day
or, when quiv'ring o'er the rills
in the west he dies away,
he shall ever hear me sing
praises to th'eternal king.

Wenn die Sonne über jenen Bergen
in Fluten den goldenen Tag ausgießt,
oder wenn sie über den Wellen bebend
im Westen ersterbend versinkt,
immer wird sie mich das Lob
des ewigen Königs singen hören.

9. Recitative: Who trusts in God (2. Israelitin, Sopran.
Im Original nicht vorhanden) fis-Moll, h-Moll

Who trusts in God
should ne'er despair
the just are [heaven's
peculiar care.][107]

Wer Gott vertraut
muss nie verzweifeln.
Die Gerechten stehen [in des Himmels
besonderer Obhut].

10. Air: May balmy peace (2. Israelitin, Sopran)
(aus *Occasional Oratorio* Nr. 39a[108]) e-Moll, ⅜, Andante
larghetto. vierstimmiger Streichersatz (inkl. Continuo)

May balmy peace,
and wreath'd renown
the virtuous hero
ever crown
May bliss eternal
be his share,

whose God and people
are his care.

Möge balsamischer Frieden
und bekränzter Ruhm
den tugendhaften Helden
immer krönen!
Möge ewiger Segen
sein Anteil sein,
dessen Gott und Volk
seine Sorge sind.

11. Chorus: The Lord has given strength
(aus dem Anthem „How beautiful are the feet of them"
HWV 266 Nr. 3) E-Dur, ¾, Larghetto. Oboe I+II, vierstimmiger Streichersatz, Continuo mit Fagott I+II, Orgel I+II.

The Lord has given strength
unto his people,
the Lord hath given his people
the blessing of peace.

Der Herr hat Stärke gegeben
seinem Volk,
der Herr hat seinem Volk
den Segen des Friedens gegeben.

12. Solo and Chorus: To God, our strength, sing loud and clear (Israelit, Bass) (aus *Occasional Oratorio* HWV 62 Nr. 23) D-Dur, ¾, Largo. Oboe I+II, Trompete I–III, Pauke, vierstimmiger Streichersatz, Continuo mit Fagott I+II, Orgel I+II.

To God, our strength,
sing loud and clear,
sing loud to God, our king!
To Jacob's God
that all may hear
loud acclamations ring.
Prepare the hymn,
prepare the song,
the timbrel hither bring.
The cheerful psalt'ry bring along
and harp with pleasant string

Zu Gott, unserer Stärke,
singt laut und hell,
singt laut zu Gott, unserem König!
Zu Jakobs Gott,
auf dass alle es hören,
lasst lauten Zuruf erschallen.
Bereitet den Hymnus,
bereitet das Lied,
das Tamburin bringt her.
Den freudigen Psalter bringt mit
und die Harfe mit wohltönenden Saiten.

Das Oratorium *Solomon* ist nicht als dramatischer Handlungsbogen, sondern als eine Bilderfolge konzipiert, die Salomo in vier für ihn typischen Rollen zeigt: 1. als besonders frommen, gottesfürchtigen und weisen Herrscher (I. Szene 1), 2. als Liebenden (I. Szene 2), 3. als weisen Richter (II. Akt) und 4. als Gastgeber der Königin von Saba und hier besonders als Kapellmeister, eine der Bibel unbekannte Rolle, in der Händel offenkundig ein Selbstporträt gezeichnet hat. Die in die Wiederaufnahme von *Israel in Egypt* 1756 und 1757 übernommenen Stücke stammen zumeist aus der 1. Szene des 1. Akts, die Salomo bei einer Opferszene darstellt (Nr. 1–8). Händel hat sie um drei Nummern ähnlichen Inhalts aus anderen Quellen ergänzt. Da Salomo in den Texten nicht als König bezeichnet wird, ließen sie sich auf Joseph übertragen, der ja in Ägypten nicht König, sondern zweiter Mann im Staate war. Eine hochoffizielle Opferszene für Jehova-Jahwe mit Hohepriester und Chor der Israeliten, wie sie in den von Salomo erbauten Jerusalemer Tempel, aber nicht nach Ägypten gehört, ist freilich für Joseph, der sich den ägyptischen Riten und Gebräuchen anpassen musste, vollkommen undenkbar. Weder Händel noch sein Publikum scheinen jedoch an diesem Widersinn Anstoß genommen zu haben.

Rezeptionsgeschichte

Die Einfügung von Einlagearien in den späteren Aufführungen von *Israel in Egypt* wirft ein Licht auf die problematische Rezeptionsgeschichte des Werkes.[109] Führen wir uns noch einmal die neuartige Formidee vor Augen, die Händel für die Urgestalt seines Werks vorgeschwebt hat. Konventionelle Da-capo- oder Dal-segno-Arien gehören nicht in ein Anthem. Die Form des Anthem aber war es, die Händel seinem Oratorium zugunde gelegt hatte. Als ein Drei-Anthem-Oratorium ist *Israel in Egypt* ein Experiment, von dem Händel in seinem weiteren Schaffen wieder abgerückt ist. Ein Anthem ist eine lyrische, keine epische oder dramatische Gattung. Es geht um Lobpreis, Dank und Klage, aber nicht die dramatische Darstellung einer Geschichte. Dieses Prinzip bildet den Rahmen für Händels Oratorium; die Bilder aber, die Händel in diesen Rahmen hineinstellt, die Heilstaten Gottes, haben in ihrer Gewaltentfaltung durchaus dramatischen Charakter, den Händel dann auch in aller Großartigkeit der ihm zur Verfügung stehenden Mittel herausarbeitet.

☙ Während Händel in seinen anderen Oratorien darauf achtet, dass Chöre, Arien und Rezitative in einer ausgewogenen Weise abwechseln, schafft er in *Israel in Egypt*, das fast nur aus Chören besteht, Abwechslung durch kontrastive Fügung. Polyphonische folgt auf homophone Gestaltung, monumentale Form wechselt mit feingliedriger Satzart, auf kurze deklamatorische Formen folgen große, kunstvoll gebaute Fugen, und in seltenen Fällen lockern auch einmal eine Arie oder ein Duett das Gefüge der Chöre auf. Das chorische Element, das ist die Besonderheit dieses Oratoriums, steht so dominierend im Vordergrund, weil es um das Volk als Protagonisten geht, das Volk Israel als Objekt der Erwählung, Befreiung und Rettung durch seinen Gott. Mit dieser gleichsam überlebensgroßen Konzeption war Händel seiner Zeit weit voraus, und es sollte mehr als zweihundert Jahre dauern, bis die Welt das Werk wieder in der Form zu hören bekam, in der auch Händel es nur ein einziges Mal, am 4. April 1739, vor einem verschwindend kleinen Publikum aufgeführt hat.

☙ „Die Verwandlung von Händels Oratorien", schreibt Ilias Chrissochoidis, „von kommerzieller Unterhaltung in nationales Erbe im England des 18. Jahrhunderts ist ein außerordentliches kulturelles Phänomen und das erste seiner Art in der Musikgeschichte. Ein von Händel im Alleingang entwickeltes Genre wandelte sich im Laufe eines halben Jahrhunderts zur musikalischen Affirmation des englischen Volks."[110] In diesen größeren Rahmen schreibt sich auch die Rezeptionsgeschichte von *Israel in Egypt* ein. In diesem besonderen Fall gestaltete sich der Verwandlungsprozess noch spektakulärer: Zu Händels Lebzeiten nahezu durchgefallen und sehr selten aufgeführt, eroberte sich gerade dieses Stück in den Massenaufführungen des 19. Jahrhunderts einen Spitzenplatz als nationales Denkmal neben *Messiah*. Das gilt heute, nach der Wiederentdeckung der Händelschen Opern und der Durchsetzung der historischen Aufführungspraxis mit kleinerer Besetzung nicht mehr in diesem Umfang; auch aufgrund seiner hohen Anforderungen an den Chor wird das Oratorium heute zumindest in Deutschland eher selten aufgeführt, aber sein ästhetischer Rang als ein Meilenstein in der Musikgeschichte steht außer Frage.

𝄢 Mit seinen Oratorien *Saul* und *Israel in Egypt* hatte es sich Händel offenkundig zum Ziel gesetzt, die Erwartungen und Hörgewohnheiten des Londoner Publikums, die er in seinen italienischen Opern wunderbar zu bedienen wusste, radikal zu überschreiten, durch die Einführung ungewöhnlicher Instrumente wie des Carillon (Glockenspiel mit Tastatur), der aus dem Tower entliehenen Kesselpauken und einem Bläsertrio von Alt-, Tenor- und Bass-Posaune, die Ausstattung des Theaters mit zwei Orgeln, entsprechend der doppelchörigen Aufstellung der Sänger in *Saul* und den gewaltigen Chören in *Israel in Egypt*. Es war genau diese Überschreitung, die den Eindruck des Erhabenen provozierte, ganz schon im Sinne von Edmund Burkes Unterscheidung zwischen dem Schönen, das die ästhetischen Erwartungen zur Vollkommenheit befriedigt, und dem Erhabenen, das sie über den Haufen wirft.[111] *Saul* und dann noch viel mehr *Israel in Egypt* waren als Zumutung gemeint. Die neuartigen akustischen Herausforderungen sollten das Publikum aber auch entschädigen für den Wegfall der optisch-szenischen Sensationen, wie sie die Oper geboten hatte. Händels Exodus aus der italienischen Oper war in musikalischer Hinsicht kein sanfter Übergang wie in *Esther*, *Deborah* und *Athalia*, sondern ein Paukenschlag.

𝄢 Wenn *Saul* zurückhaltend aufgenommen wurde (nach dem großen Erfolg der Premiere musste das Oratorium nach nur vier weiteren Aufführungen abgesetzt werden), war die Premiere von *Israel in Egypt* im Haymarket-Theatre am 4. April 1739 ein eklatanter Fehlschlag.[112] Nach dem Bericht eines Augenzeugen „hatte Händel kaum 20 Zuhörer".[113] Daher hat Händel das Oratorium in den folgenden Aufführungen durch die Streichung von Chören und die Einfügung weiterer Arien in seiner Radikalität stark abgemildert. Auch die zweite Aufführung, die Händel in der *London Daily Post* vom 7. April als „With Alterations and Additions, and the last new Concerto's on the Organ" angekündigt hatte und noch einmal am 10. April als „shortned and intermix'd with Songs"[114], war kaum besser besucht.[115] Händels Freunde waren alarmiert, und am 13. April konnte man in der *London Daily Post* einen anonymen Leserbrief lesen:

„Bei meiner Ankunft in der Stadt vor drei Tagen war ich nicht wenig überrascht, zu sehen, dass Herrn Händels letztes Oratorium (Israel in Egypt), das erst einmal aufgeführt worden war, für Mittwoch als letzte Aufführung angekündigt war. Ich war fast versucht, zu glauben, dass sein Genius ihn verlassen hätte, muss aber gestehen, dass ich angenehm enttäuscht wurde. Ich war davon nicht nur entzückt, sondern tief bewegt, denn ich habe noch nie eine musikalische Aufführung erlebt, in der die Worte und Gefühle so gründlich erforscht und so klar verstanden wurden. Und da die Worte aus der Bibel genommen sind, stellen sie vielleicht einen ihrer erhabensten Teile dar. Ich war in der Tat besorgt, dass ein so ausgezeichnetes Werk von einem so großen Genie keine Beachtung fände, denn obwohl es ein höfliches und aufmerksames Publikum gab, war es doch nicht groß genug, fürchte ich, um Händel zu einem weiteren Versuch zu ermutigen. Es würde mich äußerst traurig stimmen, dies nicht noch einmal hören zu können, und finde viele Zuhörer mit derselben Meinung. Da ich aber fürchte, dass Herr Händel das ohne öffentliche Ermutigung nicht unternehmen wird, vielleicht auch, weil er sich durch seine Ankündigung, es sei das letzte Mal gewesen, festgelegt fühlt, erlaube ich mir die Bitte, nicht nur meinen, sondern den Wunsch vieler anderer zu übermitteln, es irgendwann in der nächsten Woche noch einmal aufzuführen."[116]

Am 14. April stand in der *London Daily Post*: „We are inform'd that Mr. Handel, at the Desire of several Persons of Distinction, intends to perform again his last new Oratorio of Israel in Egypt, on Tuesday next the 17th Instant." Und am 17. selbst: „We hear that the Prince and Princess [of Wales] will be at the King's Theatre in the Hay Market this evening, to see Israel in Egypt."[117] In der Tat kam es am 17. April zu einer dritten Aufführung, diesmal im Beisein des Thronfolgerpaars und „vor einem sehr zahlreichen Publikum"[118]. Richard Warner schrieb an James Harris: „Israel in Egypt had much the best house the season, except the first night of Saul."[119] Zwei Tage später erschien in der *London Daily Post* ein sehr umfangreicher Leserbrief, unterzeichnet R.W., der die Stadt London zu einer so „wahrhaft geistlichen Unterhaltung" beglückwünschte.[120]

Allerdings hatte Händel für die zweite und dritte Aufführung durch die Streichung von Chören zugunsten eingefügter Arien aus anderen Oratorien stark in das Werk eingegriffen und sich also doch durch die schlechte Aufnahme der Premiere entmutigen lassen. Vielleicht war dies der Anlass, dass ein ungenannter Freund ein Gedicht drucken und zirkulieren ließ, das Händel ermutigen sollte, seinen Weg unbeirrt zu verfolgen:

> Advice to Mr. Handel:
> Which may serve as an Epilogue to Israel, in Egypt
>
> „Bekümmert dich, mein Freund, dass Harmonie auf Feindschaft trifft,

dass Bosheit und Ignoranz sich dem Verdienst entgegenstellen?
Bedenke: wahres Verdienst erzeugt immer Neid,
der sich verdammt fühlte, wenn jenes gepriesen wurde.
Vergeblich hoffst du, mit göttlichen Klängen die Feindin zu bezaubern,
die ihre Ohren verstopft vor Klängen wie den deinen;
taub für die Stimme des Zauberers, doch sonst so klug:
je mehr deine Kunst ihre Bosheit zu beruhigen sucht,
desto mehr fliegt ihr Spieß der Herabsetzung,
doch er fliegt vergeblich; lass sie ihren Spieß schleudern,
das höhere Verdienst entgeht doch immer dem Schlag.
Wenn Vandalenohren mit heimischer Dummheit geschlagen
die beste Musik verdammen und die schlechteste loben;
wenn du dem öden Pescetti das Feld räumst
und inspirierte Barden dem öderen Corri weichen;
so klage nicht, sondern warte ab, was kommen muss,
und freue dich der angenehmen Aussicht.
Du kennst die Strenge der ägyptischen Vorschrift,
die Ziegel fordert aber kein Stroh liefert.
Denk an dies schwere Los und bemitleide jene,
die, wenn auch deine Feinde, Anspruch auf dein Mitleid haben:
Durch Hunger, ohne Talent, zu komponieren verdammt.
Bemitleide die ägyptische Finsternis seines Geistes,
der nach Harmonien sucht und sie nicht findet.
Ja, hab mit uns Mitleid, die unlängst dazu verurteilt waren,

zwei Stunden lang Klänge auszuhalten, die du uns
hassen gelehrt hast.
Von Tag zu Tag verschiebst du deine fliehende Muse,
von Tag zu Tag verfolgt dich die Vandalenschar.
Sie können nicht dauern; wie Ägypten, schnell ertränkt
wird ihr eigenes trübes Gewicht sie in die Tiefe ziehen.
Du aber steh wie Israel auf dem Gelobten Ufer,
erfreu dich ihres Untergangs und fürchte nicht mehr
ihre Beleidigungen."[121]

Ilias Chrissochoides hat mit sehr überzeugenden Gründen Newburgh Hamilton, den Librettisten des Alexanderfests, als den Verfasser, und Lady Margaret Cecil Brown als die darin genannte Feindin identifiziert. Lady Margaret war in den folgenden Jahren als eine erklärte Feindin Händels hervorgetreten, die an den Tagen seiner Oratorienaufführungen Konzerte zu veranstalten pflegte, um ihm sein adliges Publikum wegzunehmen.[122] Im *Daily Advertiser* vom 21. Januar 1745 erschien ein ähnliches Gedicht, in dem Lady Brown als Anführerin der „Thracian women" auftritt, die Händel wie damals Orpheus nach dem Leben trachten:

„Die thrakischen Frauen verachteten bekanntlich
alle Musik außer ihrer eigenen;
doch vornehmlich eine von neidischer Art
in Tigerfell-Kapuzentracht
war mehr als alle unerbittlich
und beschloss geradenwegs den Sturz des armen
Orpheus;

> Wenn immer er spielte, schlug sie die Trommel
> und lud alle ihre Nachbarn ein, zu kommen;
> ein andermal sandte sie Botschaft aus
> und lud ihre Nachbarn zu einer Aufruhr-Party
> und sprach: Seht an, dieser Kopf und diese Hand
> haben die thrakische Band in Missachtung gebracht
> und niemals kann unsere Band aufleben,
> solange dieser Kopf, diese Hand oder Finger leben"
> (usw.)[123]

Wieder einmal wird Händel mit Orpheus verglichen. Ihn, so versichert abschließend der Dichter, erwartet aber ein glücklicheres Geschick als den göttlichen Sänger. Die Nation wird seine Aufführungen füllen und seine Feinde beschämen, „avenge this National Disgrace And vanquish ev'ry Fiend of Thrace" (die nationale Schande rächen und jeden thrakischen Feind besiegen).

𝄢 Offensichtlich stand Lady Brown, die 1744/45 Händel das Leben schwer machte, bereits sechs Jahre vorher mit derselben Strategie hinter den Aufführungen der Serenade *Angelica e Medoro* der in dem Gedicht genannten Giovanni Battista Pescetti und Angelo Maria Corri in der Covent Garden Opera, die schon in der laufenden Spielzeit auf Händels Termine gelegt wurden und ihn zu Verlegungen oder Ausfällen zwangen (darauf beziehen sich die Verse „from Day to Day thou shift'st thy flying Muse, From Day to Day the Vandal host pursues").[124] Noch einmal hatte sich unter der Leitung von Lord Middlesex und (vermutlich) Lady Brown eine Kompanie für die Aufführung italienischer Opern zusammengefunden, die Händel Konkurrenz machte und ihn in einen regelrechten „Quotenkampf" verwickelte. Lady Brown, die viele Jahre in Venedig gelebt hatte, war eine fanatische Liebhaberin des „new Italian style", also des galanten Stils der neoneapolitanischen Schule. Sie bekämpfte alles Nicht-italienische und damit vor allem auch Händel, nachdem dieser von der Komposition italienischer Opern zum englischen Oratorium übergegangen war. Offenbar waren die ersten Aufführungen von *Israel in Egypt* einem von ihr angezettelten Boykott zum Opfer gefallen.[125] Der Fall ist insofern musikgeschichtlich interessant, als er zeigt, dass Händels Entwicklung eines in gewisser Hinsicht „zeitlosen", die neue empfindsame Richtung zwar gelegentlich zitierenden, aber weit darüber hinaus bis ins 17. Jahrhundert zurückgreifenden Oratorienstils auf Opposition stieß und von bestimmten Kreisen als unmodern abgelehnt werden konnte.

𝄢 Händel hat *Israel* später immerhin noch fünfmal aufgeführt, am 1. April 1740, am 17. und 24. März 1756 sowie am 4. März 1757 und 24. Februar 1758. Über die Aufführung am 24. März 1756, die sie aber gar nicht besucht hat, schrieb Mary Delany: „Israel in Egypt zog nicht; es ist zu feierlich für gewöhnliche Ohren."[126] Für diese Aufführung hat Händel aus Stücken aus *Solomon* und *Occasional Oratorio* einen neuen ersten Akt zusammengestellt.[127]

𝄢 Über die letzte Aufführung zu Händels Lebzeiten am 24. Februar 1758 gibt es eine eigenartige Überlieferung von höchst unsicherem historischen Wert, die dennoch ein bezeichnendes Licht auf Händels eigene Einschätzung des Werks wirft. Der Sänger William Savage, also ein Mitglied aus Händels engstem Mitarbeiterkreis, soll sie einem

Mr. Jeffrey aus Streatham mitgeteilt haben, dessen Schwiegersohn, der Organist und Komponist Richard John Samuel Stevens, sie aufgezeichnet hat. *Israel in Egypt*, heißt es da, „war eine zu erhabene Komposition, um Hörern zu gefallen, die wenig von Musik verstehen, und wenn es in der Oratorienzeit (der vorösterlichen Fastenzeit) aufgeführt wurde, zog es niemals ein zahlreiches Publikum an."[128] Zu dieser Aufführung aber waren Parterre, Logen und Galerien voll. Alle Aufführenden waren schwarz gekleidet, ebenso die Herren in den Logen und im Parterre, und die Damen trugen ebenfalls Trauer, nachdem Händel vorher „durch verschiedene Freunde die Welt wissen ließ, dass er die Partitur verbrennen würde, wenn er kein Publikum fände, das ihrer würdig sei. Vielleicht bewahrte der gute Besuch des Theaters das Oratorium Israel in Egypt davor, von seinem verehrungswürdigen Autor vernichtet zu werden."[129] Immerhin, nach dem Prinzip „cor fedele spera sempre" hat Händel nicht aufgegeben und in verschiedenen Neufassungen immer wieder versucht, dem Oratorium doch noch den in seinen (und unseren) Augen verdienten Erfolg zu verschaffen.

☙: Nach Händels Tod hatte Smith das Oratorium um zahlreiche Rezitative und weitere Arien erweitert und seine originale Form endgültig zerstört, indem er auch die von Händel nie angetastete Plagen-Sequenz Nr. 16–20 durch erzählende Rezitative unterbrach.[130] In dieser Form wurde es bis in die Mitte des 19. Jahrhunderts noch manchmal aufgeführt, darunter von Mendelssohn beim 15. Niederrheinischen Musikfest 1833, erweitert um eine große von Mendelssohn komponierte Ouvertüre.[131] Erst 1857, mit der Einführung der Händel-Festivals, kam es wieder in seiner originalen Gestalt, wenn auch ohne den ersten Teil zur Aufführung und wurde neben *Messiah* zum beliebtesten Oratorium überhaupt, das auf den Festivals regelmäßig, im Ganzen 125 mal aufgeführt wurde.[132] Nur ein einziges Mal, am 4. April 1739, hatten die Londoner also die Möglichkeit, *Israel in Egypt* in seiner originalen, vom Komponisten beabsichtigten Gestalt zu hören; alle späteren Aufführungen waren entweder durch Einlagearien und Kürzungen verändert oder auf zwei Teile reduziert. So blieb es bis in die allerjüngste Vergangenheit: noch die Referenz-Aufnahme durch John Eliot Gardiner aus dem Jahre 1990 umfasst nur den zweiten und dritten Teil. Erst die Einspielungen von Andrew Parrot mit dem Taverner Choir (2004) und Kevin Mallon mit dem Aradia Ensemble (2008) bringen die originale Gestalt mit dem ersten Teil der Lamentations zu Gehör.

☞ Händel führte den Misserfolg des Oratoriums offenbar auf seine kompromisslose Chorlastigkeit, d.h. seine Anthem-Form zurück, die ihren Ort in der Kirche hatte, aber nicht auf dem Theater, wo das Publikum wenn nicht szenische, dann doch gesangsvirtuose Darbietungen erwarten konnte. Deshalb reduzierte er die Zahl der Chöre und fügte Arien ein, darunter drei ausgeprägte Bravourarien, die kaum einen anderen Zweck verfolgten als die Virtuosität der Sopranistin Elisabeth Duparc in Szene zu setzen. Allerdings ist Annette Landgrafs Vermutung nicht ganz auszuschließen, dass der Misserfolg auch politische Gründe gehabt hatte, weil das Oratorium als Kriegspropaganda bei dem in der Luft liegenden Krieg mit

Spanien aufgefasst werden konnte.[133] So hatte schon R.W. (vermutlich Richard Warner) in seinem offenen Brief an die London Daily Post (19.4.1739) geschrieben: „Did such a Taste prevail universally in a People, that People might expect on a like Occasion, if such Occasion should ever happen to them, the same Deliverance as such Praises celebrate; and Protestant, free, virtuous, united, Christian England, need little fear, at any time hereafter, the whole Force of slavish, bigoted, united, unchristian Popery, risen up against her, should such a Conjunction ever hereafter happen."[134] Das bezog sich eindeutig auf den Konflikt mit Spanien. Aber warum sollte dieser Bezug ein Grund sein, das Oratorium formal zu verändern oder ganz aus dem Programm zu nehmen? Genau dieser Bezug, nicht speziell auf Spanien, aber auf alle möglichen Feinde Englands, war der Grund, dass im England des späteren 19. Jahrhunderts Israel in Egypt zum Inbegriff nationaler Selbstfeier wurde.

♪: Ein Meilenstein in der deutschen Rezeptionsgeschichte von Israel in Egypt ist die erwähnte Düsseldorfer Aufführung 1833 durch Felix Mendelssohn,[135] in der er allerdings, auch weil keine Orgel zur Verfügung stand, die Bearbeitung von Ignaz Franz Mosel mit aufgefülltem Bläsersatz (1815) verwendete sowie die Rezitative und Arien aus Smiths Fassung.[136] Mendelssohns Bearbeitung „nach der Originalpartitur" basierte vor allem auf einem von dem Händelforscher George Smart entdeckten Libretto, das angeblich „unter Händel gebraucht" worden war, heute aber auf Smiths Bearbeitung aus den 60er Jahren zurückgeführt wird. Diese zeichnete sich durch die Einfügung vieler Rezitative im zweiten Teil „Exodus" aus (den man damals für den ersten hielt), wodurch Smith diesen Teil formal der deutschen Passionstradition annäherte. Sechs von diesen Rezitativen hat Mendelssohn in seine Fassung übernommen.[137] War schon diese Aufführung ein großer Erfolg, so erregte die nächste Aufführung ein halbes Jahr später ein gewaltiges Aufsehen: Jetzt wurde das Oratorium halbszenisch aufgeführt, indem riesige, von den Künstlern der Düsseldorfer Akademie gemalte Tableaus und Dioramen die Chöre illustrierten. Damit hatte Mendelssohn das Oratorium in Deutschland ins Gespräch gebracht und in den Programmen der Singakademien verankert. In seiner Aufführung von 1836 aber hält Mendelssohn sich strikt an die Nummernfolge des Autographs, in das er sich bei einer Englandreise 1829 Einblick verschafft hat, und verzichtet, anders als Händel selbst in späteren Aufführungen, auf die Einfügung von Arien aus anderen Werken. Da aber der erste Teil, das auf Joseph umredigierte *Funeral Anthem*, bereits verloren gegangen war, beschränkte sich auch seine Fassung auf die Teile II und III. Im Jahre 2014 wurde zur Eröffnung der Mendelssohn-Festspiele in Leipzig eine rekonstruierte Fassung von Mendelssohns Düsseldorfer Aufführung 1833 mit Tableaux vivants dargeboten.

℘: Einen Höhepunkt der Rezeptionsgeschichte von *Israel in Egypt*, der in ästhetischer Hinsicht aber eher als ein Tiefpunkt anzusehen ist, stellten die großen englischen Händelfeste dar, die zwischen 1859 und 1926 mit Tausenden von Mitwirkenden vor Zehntausenden von Zuhörern im Londoner Crystal Palace alle drei Jahre stattfanden. Allein der Chor zählte 1883 z.B. 4000 Mitglieder. Wie bei solcher

Besetzung nicht anders zu erwarten, musste die Aufführung unter diesen Bedingungen auf jede Dynamik und Agogik verzichten und ein übertrieben schleppendes Tempo anschlagen. Von der Aufführung des Oratoriums im Jahre 1888 hat sich auf einer Edison-Walze der Anfang des Schlusschors erhalten.[138] Unter dem Zischen und Knacken ist nicht viel mehr als das Tempo auszumachen, und dieses ist von einer unglaublichen, kaum erträglichen Lethargie. Diese Händelfeste waren mit ihrer massenhaften Beteiligung eher ein soziales als ein musikalisches Ereignis. Händelfeste begannen sich im fortgeschrittenen 19. Jahrhundert auch in Deutschland durchzusetzen. *Israel in Egypt* wurde dabei regelmäßig in einer durch eingelegte Arien und ergänzte Bläserstimmen stark veränderten Fassung aufgeführt. Gleichzeitig legte aber schon die von Friedrich Chrysander besorgte Gesamtausgabe der Werke Händels, deren 100 Bände zwischen 1858 und 1894 erschienen, den Grund zu einer werkgerechteren Aufführungspraxis. *Israel in Egypt* erschien als Band XVI 1863, umfasste aber nur den zweiten und dritten Teil. In seiner dreiteiligen Urgestalt gab erst Annette Landgraf das Werk 1999 als Band 14 Teilband 1 der Hallischen Händel-Ausgabe heraus. Der zweite Teilband enthält die Einlagearien späterer Fassungen und den aus *Solomon* übernommenen ersten Teil der Fassung von 1756/57.

9: Die Überwindung des monumentalen Händelstils im Laufe der letzten vierzig Jahre hängt zweifellos in erster Linie zusammen mit der sich seit den 1970er Jahren durchsetzenden historischen Aufführungspraxis, aber auch mit der Wiederentdeckung des Opernkomponisten Händel, der über den Oratorien vollkommen in Vergessenheit geraten war. In den italienischen Opern tritt uns der andere Händel entgegen, mit einem zuweilen Mozart vorwegnehmenden Spektrum an Ausdrucksmöglichkeiten und Tiefe der musikalischen Charakterisierung, von zartester Empfindsamkeit bis zu triumphalistischer Wucht und rasendem Zorn. All das konnte man nun auch in den dramatischen Oratorien wiederfinden, die ja auch ohne szenische Ausstattung Musiktheater sind und nicht sakral-repräsentative Kirchenmusik.

Händels Montagetechnik

Händels Technik, in seinen Kompositionen Motive, Passagen oder auch ganze Stücke aus eigenen, aber auch fremden älteren Kompositionen in den ganz anderen Kontexten neuer Werke wiederzuverwenden, geht bis in seine frühesten Hamburger und italienischen Zeiten zurück. Mit *Israel in Egypt* nimmt diese Technik jedoch noch einmal ganz neue Formen an.[139] Der erste Teil ist eine noten- und textgetreue Wiederverwendung des *Funeral Anthem* für Königin Caroline, der dritte Teil ist weitgehend eine Bearbeitung eines *Magnificat* von Dionigi Erba, und der zweite Teil ist ebenfalls reich an Übernahmen aus eigenen und fremden Werken.

Nr.	Form	Incipit	Transskription
14	Doppelchor	And the sons of Israel	
15	Chor	They loathed to drink	Händel, Orgelfuge HWV 605
16	Arie	The land brought forth	
17	Doppelchor	He spake the word	
18	Doppelchor	He gave them hailstones	
19	Chor	He sent a thick darkness	
20	Chor	He smote all the firstborn	Händel, Orgelfuge HWV 605
21	Chor	But for his people	

22	Chor	Egypt was glad	Johann Caspar Kerll, Canzona 4
23a	Doppelchor	He rebuked the Red Sea	
23b	Doppelchor	He led them through	
23c	Chor	But the waters	

24a	Doppelchor	And Israel saw	
24b	Chor	And believed	

Bearbeitung	Anregung
	F.W. Zachow, Choralvorspiel zu „Christ lag in Todesbanden"
Stradella, Serenata, Nr. 10 Sinfonia	
Stradella, Serenata, Nr. 1 Sinfonia	
Nr. 13 Ritornell und Nr. 14 Aria „Seguir non voglio più" Takt 52ff.: N.A.Strungk, Capriccio sopra „Ich dank dir schon durch deinen Sohn".	
	Dixit Dominus HWV 232 Nr. 5 Tu es sacerdos The Lord is my light HWV 255, „It is the Lord"; Armida abandonnata HWV 105, „Venti, fermate"
Stradella, Arie Nr 9, Mittelteil	

Nr.	Form	Incipit	Transskription
25a	Doppelchor	Moses and the children	
25b	Doppelchor	I will sing unto the Lord	
26	Duett BB	The Lord is my strength	
27a	Doppelchor	He is my God	
27b	Chor	And I will exalt him	
28	Duett	The Lord is a man of war	
29a	Doppelchor	The depths have covered	
30a	Doppelchor	Thy right hand	
30b	Doppelchor	And in the greatness	
30c	Doppelchor	Thou sentest forth	Erba, Nr. 5 „Fecit potentiam"
31	Chor	And with the blast	
32	Arie (Tenor)	The enemy said	
33	Arie (Sopran)	Thou didst blow	
34a	Doppelchor	Who is like unto thee	
34b	Doppelchor	The earth swallowed them	
35	Duett	Thou in thy mercy	
36	Doppelchor	The people shall hear	
37	Arie (Alt)	Thou shall bring them in	
38	Doppelchor	The Lord shall reign	
39	Doppelchor	Sing ye to the Lord	

Bearbeitung	Anregung
Erba, *Magnificat*, Nr. 2 „Et exultavit" Duett SS	
Erba, Nr. 1 „Magnificat anima mea"	
	G.Gabrieli, „Ricercar sopra Re fa mi don"
F.A.Urio, TeDeum, „Te aeternum patrem"	
Erba, Nr. 4 „Quia fecit mihi magna"	
	Erba, Nr. 3 „Quia respicit"
Erba, Nr. 6 „Deposuit"	
Erba, Nr. 8 „Sicut erat in principio"	
Erba, Nr. 7 „Esurientes"	
	Stradella, Serenata, Nr. 7 Duett „Amiche, nemiche"

Mit Zeitnot ist diese Wiederverwendung älteren Materials auf keinen Fall zu erklären. Händel nahm sich für *Israel in Egypt* eine Woche mehr Zeit als für *Messiah*, der weit weniger Entlehnungen enthält. Noch abwegiger ist die Vorstellung, Händels schwerer physischer und psychischer Zusammenbruch hätte seine Erfindungskraft beeinträchtigt. Das Gegenteil ist der Fall. Das *Funeral Anthem* für Königin Caroline, das Händel bald nach seiner Rückkehr aus der Kur in einer Woche komponieren musste, enthält keine Wiederverwendungen bestehender, eigener oder fremder Kompositionen, dafür aber eine Fülle bestechender melodischer und harmonischer Ideen. Dieser von Entlehnungen und Wiederverwendungen so gut wie freie erste Teil des Oratoriums (die Choralzitate kann man unmöglich als „borrowings" einstufen) ist der einzige Teil, der wirklich unter extremem Zeitdruck fertiggestellt werden musste; da blieb keine Zeit, in der eigenen Notenbibliothek nach Anregungen und wiederverwendbaren Vorlagen zu suchen. Der Rückgriff auf bestehende Werke war keine aus Mangel an Zeit oder eigenen Einfällen geborene Verlegenheitslösung, sondern muss einer ganz bewussten künstlerischen Absicht gefolgt sein.

𝄢 Man fühlt sich erinnert an die Sätze, die Thomas Mann in einem Brief an Theodor W. Adorno zur Rechtfertigung seines „Prinzips der Montage" schrieb: „Die Berufung auf das Molière'sche ‚Je prends mon bien où je le trouve' scheint mir selber nicht recht ausreichend zu sein zur Entschuldigung dieses Gebahrens. Man könnte von einer *Alters*neigung sprechen, das Leben als Kulturprodukt und in Gestalt mythischer Klischees zu sehen, die man der ‚selbständigen' Erfindung in verkalkter Würde vorzieht. Aber ich weiß nur zu wohl, dass ich mich schon früh in einer Art von höherem Abschreiben geübt habe ..."[140] Auch bei Händel geht diese „Neigung" in seine Jugend zurück; trotzdem nimmt sie in diesem Oratorium eine andere, sehr viel weiter gehende Form an, genau wie auch Thomas Manns Verwendung der Texte und Anregungen von Adorno in dem Roman *Dr. Faustus* eine Form annahm, die sehr viel weiter ging als die Aufnahme fremder Texte in seinen früheren Romanen. Sicher nicht für Thomas Mann, aber vielleicht für Händel könnte die Bevorzugung vorhandener, kulturell geprägter Motive und Stücke gegenüber eigenen Erfindungen etwas mit einer „Altersneigung" zu tun haben, wenn auch nicht mit „verkalkter Würde", aber mit einer Suche nach alten musikalischen Formulierungen für seine ganz neue Form des englischen Oratoriums.

𝄢 Vor allem Händels Verwendung von Erbas *Magnificat* ist also etwas anders zu beurteilen als seine sonstigen „borrowings". Hier handelt es sich um eine teils pietätvolle, teils sehr eigenständige und freie Bearbeitung eines älteren Werks aus sehr guten musikalischen und theologischen Gründen. Es fällt ja auch auf, dass er in seinen Entlehnungen weitgehend der Reihenfolge folgt, in der die Nummern bei Erba auftreten. *Moses' Song* war offenbar bewusst als eine Bearbeitung von Erbas *Magnificat* geplant. So versteht sich auch, dass er für den Teil „Exodus", den er als nächstes nach dem Lobgesang des Mose in Angriff nimmt, nicht mehr aus Erbas *Magnificat*, sondern aus ganz anderen Quellen schöpft und mit ihnen auch ganz anders umgeht.

𝄞 In der Händel-Forschung bilden Händels Montagetechnik und besonders seine zahlreiche Entlehnungen aus Werken anderer Komponisten ein vieldiskutiertes Problem. Für die Genieästhetik des späten 18. und 19. Jahrhunderts war diese Entdeckung ein Skandal, heute erscheinen Händels „borrowings" nicht mehr im Licht von Arbeitsökonomie, Zeitersparnis wenn nicht geradezu des Plagiats, sondern einer bewussten Montagetechnik, die man nicht mehr als eine bedenkliche Missachtung geistigen Eigentums – ein ohnehin für die Barockzeit vollkommen anachronistischer Begriff – versteht, sondern – ganz im Sinne Thomas Manns – als eine besondere Kunstform.[141] Bis auf *Jephtha*, wo Händel offensichtlich aus ganz anderen Gründen eine zu seiner Zeit hochmoderne Komposition, eine Messensammlung von Franz Johann Habermann, erschienen 1747, heranzieht, stammen die meisten Händelschen Entlehnungen aus bedeutend älteren Kompositionen.[142] Das gilt vor allem für *Israel in Egypt*. Das *Magnificat* von Erba ist um 1690 entstanden; die Serenata *Qual prodigio* von Stradella stammt aus den 1670er Jahren, ebenso wie die Canzona von Kerll, die Händel für Chor transkribierte.

𝄞 Noch wesentlich älter ist das Giovanni Gabrieli zugeschriebene *Ricercar sopra Re fa mi don*, das er dem Chor „And I will exalt him" zugrunde legte. Diese Chorfuge ist der bei weitem kühnste Fall einer Bearbeitung älteren Materials, weil Händel sich stilistisch eng an die um 1600 entstandene Vorlage hält und dadurch die Form und den Klang einer anderen, weit zurückliegenden Epoche evoziert. 1726 wurde in London die Academy of Ancient Music gegründet, die sich die Wiederbelebung und Pflege „alter" Musik, besonders der Vokalharmonie der Renaissance zur Aufgabe machte, also genau der Tradition, auf die Händel mit diesem Satz zurückgriff.[143] Händel selbst war zwar nie Mitglied dieser Akademie, dafür aber zahlreiche Komponisten und Musiker seiner Umgebung wie Nicola Haym, Bernard Gates, Maurice Greene, Giovanni Bononcini, Johann Christoph Pepusch und andere, sodass ein Kontakt mit diesem Club und seinen historischen Bestrebungen unbedingt vorausgesetzt werden muss. Allerdings verdankt Händel die Kenntnis dieses nur in einem einzigen Manuskript erhaltenen Stücks von Giovanni Gabrieli nicht der Academy, sondern zweifellos seinem 1698 begonnenen, während der Lehrzeit bei Friedrich Wilhelm Zachow angelegten, seit Ende des 18. Jahrhunderts verschollenen Notenbuch, zumal es sich bei Gabrielis *Ricercar* um ein typisches Lehrstück handelt, das verschiedene Formen der Fugentechnik vorführt. Fühlte sich Händel durch den Text („And I will exalt him; He is my father's God") zu einer solchen archaisierenden Verfremdung eingeladen? Wollte er mit diesem musikalischen Rückgriff Moses theologischen Rückgriff auf den Gott Abrahams, Isaaks und Jakobs zum Ausdruck bringen? Wir wissen es nicht, müssen uns aber jedenfalls den angestrebten Kontrast, die eklatante Unzeitgemäßheit dieser Chorfuge klarmachen.

✥ Was Händel mit diesen Rückgriffen auf 60 und mehr Jahre ältere Kompositionen erreicht, ist in stilistischer Hinsicht, was man (in ganz anderem Sinne) eine „breite Gegenwart" genannt hat[144], eine musikalische Sprache, die einen gleichsam zeitlosen Stil anstrebt jenseits der sich gerade in den Jahren zwischen 1725 und 1745 zwischen Neapel und Potsdam abspielenden tiefgreifenden Entwicklungen vom Barock zur Vorklassik, vom „gelehrten" zum „galanten" Stil und von der höfischen Affektkontrolle zur bürgerlichen Empfindsamkeit. Merkmale des neuen Stils sind die Konzentration auf die Oberstimme, der sich die übrigen Stimmen im Sinne rhythmischer und harmonischer Auffüllung als Begleitung unterordnen und, damit verbunden, der Abbau von polyphoner Satzart und Generalbass-Technik. Im Zeitalter der Empfindsamkeit wurde die Oberstimme zur Trägerin des melodischen Ausdrucks, dem gegenüber alles andere zurücktreten musste. Was der musikalische Satz dabei an Dichte und Kraft verlor, sollte dem empfindsamen Ausdruck zugutekommen. Händel sind genau wie Bach diese Entwicklungen keineswegs entgangen, beide haben sie gelegentlich zitatweise übernommen, haben aber darum nur umso fester und bewusster an ihren überzeitlichen, ihren Anfängen und Vorläufern treu bleibenden Personalstilen festgehalten.

𝄢 Mit solchen Rückgriffen geht es Händel offenbar um die Entwicklung eines pluralistischen „zeitlosen" Stilideals, in dem die Gleichzeitigkeit des Ungleichzeitigen aufgehoben war. Die Musikstücke der Vergangenheit, die er reaktiviert und in seine Werke einschmilzt, gelten ihm nicht als Zitate einer fremd gewordenen, archaischen Vergangenheit, sondern als präsente Formen seines stilistischen Paradigmas. Mozart ist in seinen Bearbeitungen der vier Händelschen Vokalwerke *Messiah*, *Alexander's Feast*, *Acis und Galathea* und *Cäcilienode* für Gottfried van Swieten und seine Gesellschaft der Associierten ebenfalls auf eine zu seiner Zeit 50–60 Jahre alte Musik zurückgegangen, aber gewiss nicht im Sinne einer präsenten, lebendigen Tonsprache, sondern eines bewussten und im Übrigen pietätvollen Rückgriffs über den inzwischen eingetretenen Stilwandel hinweg in die Vergangenheit.[145] Wenn er beim Gesang der Geharnischten in der *Zauberflöte* die Sprache Johann Sebastian Bachs zitiert, dann als eine Fremdsprache, wie sie der Fremdsprachlichkeit der von den Geharnischten vorgelesenen hieroglyphischen Inschrift entspricht. Im *Requiem* aber verfährt Mozart mit Händel genau wie dieser etwa mit Dionigi Erba. Niemand würde hier von einem „Plagiat" sprechen; im Gegenteil: gibt es einen großartigeren Beweis für die Genialität von Händels Anfang der Trauerode für Königin Caroline als die Tatsache, dass Mozart ihn zum Vorbild genommen hat für den Anfang seines *Requiems*?

𝄢 Der Anfang von Mozarts *Requiem* mit dem stockenden Rhythmus der Streicher und den getragenen Noten der Bläser, vor allem mit der Intonation desselben Chorals im Fagott und dem Bass ab Takt 5 (dessen Melodie auch in den anderen Stimmen des vierstimmigen polyphonen Bläsersatzes anklingt) ist eindeutig von diesem Chor inspiriert.

Der Chor „Christe eleison" aus dem *Requiem* lehnt sich unverkennbar an den Chor „We will rejoice" aus dem Dettingen-Anthem an. Mozart transponiert Händels Vorlage von D-Dur nach d-Moll, verkürzt die Notenwerte des Themenkopfs und wartet mit dem Einsatz von Thema II etwas länger als Händel. Er geht frei mit der Vorlage um und spricht Händels Sprache als lebendiges Idiom, genau wie Händel in seiner Aneignung Erbas.

Notenbeispiel 54a und b: Mozart, Requiem KV 626, Introitus, Takte 1–14, nach Chr. Wolff, Mozarts Requiem, 177f.

🎵 Aber Händels Entlehnungen sind nicht nur rückwärtsgewandt, sie betreffen auch die zu seiner Zeit moderne Richtung, den empfindsamen, „galanten Stil" der Vorklassik, dem Händel in den Werken von Leonardo Vinci, Leonardo Leo, Giovanni Battista Pergolesi, Johann Adolf Hasse und Nicola Porpora begegnete und den er ebenfalls als ein besonderes Register seinem Personalstil einschmelzen konnte. Das auffälligste Beispiel sind seine erwähnten Entlehnungen aus Messen Franz Johann Habermanns (1706–1783) in dem 1751 entstandenen Oratorium *Jephtha*. Offensichtlich ging es Händel darum, auch die neuesten Richtungen, in denen sich ein grundlegender musikalischer Paradigmenwechsel ankündigte, seiner Vorstellung von Barock zu integrieren und sich auf diese Weise dem sich abzeichnenden Wandel entgegenzustemmen, ähnlich wie Bach, der z.B. im I. (Largo) und III. Satz (Adagio) der Triosonate des *Musikalischen Opfers* ebenfalls den empfindsamen Stil zitiert, aber ebenso in umgekehrter Richtung das Spektrum seiner Möglichkeiten bis in die Renaissance zurück ausweitet.

Händel und das Erhabene

Schon zu seiner Zeit galt Händel als der Komponist des Erhabenen. Vieles spricht dafür, dass ihm diese Kategorie auch selbst als ästhetisches Ziel vorschwebte, als er sich nach dem Scheitern der Subskription für die Opernsaison 1738/39 dazu durchrang, seine Produktion von italienischen Opern auf englische Oratorien umzustellen. Bisher hatte er Oratorien geschrieben, um seinem Publikum auch in der Fastenzeit etwas bieten zu können, in der weltliche Unterhaltung aus den Theatern verbannt war. Jetzt, an der Schwelle zu seinem endgültigen Abschied von der italienischen Oper und der grundsätzlichen, endgültigen Umstellung seiner Produktion auf Stoffe in englischer Sprache und von nationaler Bedeutung, muss ihm die erst noch zu findende Form des englischen Oratoriums als die gegebene Lösung des Problems erschienen sein, an dem er mit der italienischen Oper gescheitert war. Das englische Oratorium sollte den wirkungs- und relevanzästhetischen Forderungen nach einer sowohl *nationalsprachlichen* als auch in viel umfassenderen Sinne *nationalen* Form erfüllen und auf die Frage „Was geht uns das an?" antworten können.

𝄢 Dabei gilt es noch einmal zu betonen, dass in England alttestamentliche Themen als nationale Stoffe galten, da sich das englische Volk seit alters und seit der puritanischen Revolution noch einmal ganz besonders mit Israel identifizierte und die biblische Geschichte als die eigene Vergangenheit betrachtete. Diese Identifikation der Engländer mit dem Volk Israel beruhte weder auf irgendwelchen Herkunftslegenden, noch auf dem konventionellen Verständnis der christlichen Kirche als dem „wahren Israel", sondern auf der *politischen* Idee der „Mosaischen Verfassung".[146] In der Verfassung, die das Volk der Israeliten durch den Bundesschluss mit JHWH am Sinai empfing, sah man das Vorbild eines freien, nur Gott verantwortlichen Volkes, das sich im Vertrauen auf Gott jeder Form der Unterdrückung (Ägypten) und der angemaßten Repräsentation göttlicher Macht (Pharao) entgegenstellte. Es handelt sich um eine meist vernachlässigte Wurzel des modernen, konstitutionellen Staats, die nicht auf Athen und die *Politik* des Aristoteles, sondern auf die Bibel und die in den Büchern Exodus und Deuteronomium grundgelegte Verfassung des Gottesvolks zurückgeht und im protestantischen, insbesondere puritanischen England auch nach der Restauration bis ins 18. und 19. Jahrhundert hinein eine tragende Rolle spielte. Wenn Händel das Volk Israel auf die Bühne bringt, dann appelliert er an das protestantische Motiv der Freiheit, sowohl in politischer als auch religiöser Hinsicht (Spanien, Frankreich, Papsttum).

𝄢 Ruth Smith hat eine Fülle von Stellen zusammengetragen, aus denen klar hervorgeht, wie verbreitet und selbstverständlich im 16., 17. und 18. Jahrhundert die Gleichsetzung von Israel und England war, nicht nur in Predigt- und Gebetbüchern, sondern auch in weltlicher Dichtung und Literatur.[147] Noch entscheidender aber war die besondere Verbindung von Staat, Politik und Religion in Händels England. Anders als in allen anderen Ländern herrschte hier eine Staatsreligion: die anglikanische Kirche. Das bedeutet, dass kirchliche und nationale Semantik und Symbolik hier zu einer Einheit verschmolzen. Daher war die Religion in England viel politischer als in Deutschland und Italien, die ja in der damaligen Zeit nicht nationalstaatlich organisiert und überdies, was Deutschland betrifft, multikonfessionell waren.[148] Vor allem aber war der protestantische Antikatholizismus in England ein Politikum allerersten Ranges. Dieser nationalpolitische Charakter der Religion wirkt sich auch auf das Oratorium aus.

🙂 Daher stellte das von Händel entwickelte dramatische Oratorium mit seinen alttestamentlichen Stoffen und seinen englischsprachigen Texten eine viel politischere Gattung dar und erzielte ganz andere Wirkungen als die italienische Oper. Händels Oratorien hatten das Zeug zu Nationalhymnen, zu großen nationalen Selbstfeiern, in denen das englische Volk sich als religiöse und politische Gemeinschaft empfinden konnte.[149]

🙂 Hinzu kam aber noch ein im eigentlichen Sinne ästhetisches Motiv, das ich als das entscheidende betrachten würde. Das ist die Vorstellung des „Erhabenen", die als eine ästhetische Kategorie seit dem frühen 18. Jahrhundert in England im Mittelpunkt der poetologischen und kunstkritischen Debatten stand. „In England", betont zu Recht Ruth Smith, „war das 18. Jahrhundert viel mehr das Zeitalter des Erhabenen als das Zeitalter der Vernunft".[150]

Ausgelöst hatte diese Debatten die kommentierte Neuedition und französische Übersetzung eines poetologischen Traktats in griechischer Sprache aus der frühen Kaiserzeit, dem 1. Jahrhundert nach Chr. mit dem Titel *Peri Hypsous*, „Über das Erhabene", der unter dem anderwärts unbekannten Autornamen Dionysios Longinos überliefert und heute als Pseudo-Longinus bekannt ist.[151] Mit der Poetik des Aristoteles und der *Ars Poetica* des Horaz gehört dieser Traktat zu den bedeutendsten Poetiken der Antike. Darin geht es um den „Hohen Stil" im Gegensatz zum „Mittleren Stil" der gepflegten Prosa und dem „Niederen Stil" der volkstümlichen Unterhaltung. (Pseudo-)Longinus, den ich im Folgenden der Einfachheit halber – wie auch die Autoren zu Händels

Zeit – „Longinus" nennen werde, stellt fünf Merkmale des Hohen Stils (tò hýpson, stylus sublimis) zusammen:

1. Das Vermögen großer Gedanken (tò perì tàs noēseis hadrepēdolon);
2. starkes Pathos (tò sphodrón kaì enthousiastikòn páthos);
3. die Verwendung bestimmter Figuren (hē poià tōn schēmátōn plásis);
4. vornehme Diktion, die durch bestimmte Wortwahl und Verwendung von Tropen erreicht wird (hē gennaía phrásis);
5. gehobene Syntax (hē en axiōmati kai diársei sýnthesis).[152]

Als Beispiel und Inbegriff „erhabenen" Stils zitiert Longinus – und das war der Ausgangspunkt für die englische Rezeption seiner Theorie des Erhabenen – den Anfang des Buches Genesis, den priesterlichen Schöpfungsbericht. England war im 18. Jahrhundert die Hochburg einer nicht nur theologischen, sondern dezidiert literarischen und poetologischen Auseinandersetzung mit der hebräischen Bibel. Hier wurde durch den Bischof Andrew Lowth das Grundprinzip der hebräischen Poesie, der Parallelismus membrorum entdeckt, das dann in Deutschland durch Johann David Michaelis und Johann Gottfried Herder aufgegriffen und weiterentwickelt wurde. England war hier weit vorangegangen, ebenso wie mit der Debatte um das „Erhabene", die in Deutschland erst zu Ende des 18. Jahrhunderts vor allem durch Kant und Schiller aufgenommen, durch Friedrich Schleiermacher auf die Religion und durch Ludwig Tieck, Wilhelm Heinrich Wackenroder und

E.T.A. Hoffmann auf die Musik ausgedehnt wurde. Deutschland hatte die ästhetische Kategorie des Erhabenen in der Form rezipiert, die ihr Edmund Burke in seinem Essay *A philosophical enquiry into the origin of our ideas of the sublime and beautiful* (1757) mit der Gegenüberstellung des Schönen und des Erhabenen gegeben hatte.[153] Diese Antithese bedeutete eine Wende in der Geschichte des Erhabenen, und man muss sich davor hüten, den späteren, romantischen Begriff des Erhabenen in die Händel-Zeit hinein zu projizieren. Bei Schiller, Kant und den Romantikern verbindet sich das Erhabene mit dem Begriff des Unendlichen, das die menschliche Fassungs- und Vorstellungskraft übersteigt. Zu Händels Zeiten war das Erhabene als eine ästhetische Kategorie mit den rhetorischen Ideen eines „hohen Stils" verbunden, von dem es schon bei Longinus hieß, dass er nicht nur überzeugen, sondern darüber hinaus in Begeisterung versetzen wollte. „Enthousiasmós", „páthos" und „Ekstase" sind die entscheidenden Stichworte. „Nicht zur Überredung (*peitho*) will das Erhabene (*ta hyperphyá*) den Hörer führen, sondern zur Ekstase. Immer und überall tragen das Staunen und die Bewunderung den Sieg davon über das, was uns überreden und gefallen möchte. Die Überredung hängt von uns ab; nicht so das Erhabene: es fügt der Rede eine Macht und unwiderstehliche Gewalt bei, die den Sinn des Hörers vollkommen beherrscht" (I.4). Schon für Longinus ist das Erhabene nicht das Schöne, Überzeugende, sondern das Überwältigende.

๑ Typische Beispiele des Erhabenen sind für Longinus Homers Beschreibungen göttlicher Handlungen, die über alles Natürliche weit hinausgehen. Erhabener aber noch als ihr Handeln im Götterkampf (*theomachia*) sind die Wirkungen, die sie durch ihr bloßes Dasein erzielen, und hier bringt Longinus die Stelle aus dem Anfang der Genesis: „Auf diese Weise bringt auch der Gesetzgeber der Juden, der kein gewöhnlicher Mensch war, nachdem er in seiner ganzen Würde die Macht der Gottheit erfasst hatte, sie unmittelbar zur Erscheinung, indem er sie gleich am Anfang seines Gesetzwerks einschrieb: ‚Und Gott sprach', schreibt er, und was? ‚es werde Licht, und es ward Licht; es werde die Erde; und es ward die Erde'" (IX 9). Die englische Übersetzung von *Peri Hýpsous* durch William Smith (1739) fügte den klassischen Beispielen des Originals noch eine Menge anderer biblischer Beispiele hinzu, von denen die meisten in Händels Oratorien aufgegriffen werden.[154]

♪: Schon die Zeitgenossen verwiesen zur Erklärung von Händels „sublime style" immer wieder auf Longinus.[155] Wenn John Dennis den Dichtern nahelegte, dass „die größte Erhabenheit durch religiöse Ideen erreicht werden" kann, dann galt Entsprechendes für den Komponisten. Für den musikalischen Ausdruck des Erhabenen sollte man auf religiöse, d.h. biblische Stoffe zurückgreifen.

♪: Aber auch schon in seinen Opern berührte Händel die Sphäre des Erhabenen, und zwar dort, wo es um die Furien der Unterwelt geht: z.B. Armidas „Furie terribili circondatemi" in *Rinaldo* (1711), Medeas „ombre, sortite" und „dal cupo baratro venite, o furie" in *Teseo* (1713), Orlandos „stigie larve" (1732) und Alcinas „ombre pallide" (1735), und vor allem in Szenen der Todesnähe und der Totenbeschwörung wie z.B. Cäsars Anrufung der „alma" des Pompeio in *Giulio Cesare in Egitto*, die Sterbeszenen der Melissa in *Amadigi* (1715) und des Bajazete in *Tamerlano* (1724). In der Musikwissenschaft werden solche Szenen als „Ombra-Szenen" bezeichnet; Ombra, das lateinische und italienische Wort für „Schatten", bezieht sich auf die Form, in der die Antike die Toten unsichtbar und unerkannt in der Oberwelt weiterzuexistieren glaubte.[156] Derartige Ombra-Szenen finden sich auch in den dramatischen Oratorien, z.B. die Menetekel-Szene in *Belshazzar*, die Totenbeschwörung des Samuel in *Saul*[157] und die Opferszene der Iphis in *Jephtha*; gerade diese letztere Szene ist besonders großartig durch den unvermittelt in die düsterste Ombra-Sphäre einbrechenden, wie ein Vorschein des Paradieses wirkenden, überirdischen Frieden der G-dur-Arie „Waft her, angels, through the skies". Einen ähnlichen Effekt erzielt Händel auch in *Israel in Egypt* durch den Einbruch des Pastoralen in den Höhepunkt der ägyptischen Plagen, die Tötung der ägyptischen Erstgeburt, mit dem Chor „But for his people". Auch viele der Händelschen Lamenti reichen in die Ombra-Sphäre hinein wie z.B. die Klagen der Kleopatra („se di me pietà non senti") in *Giulio Cesare in Egitto* (1724), der Rodelinda („ombre, piante, urne funeste") in *Rodelinda* (1725), des Radamisto („ombra cara di mia sposa") in *Radamisto* (1720), des Ariodante („scherza infida") (1734) und der Alcina („Ah mio cor") (1735).

Mit den Vorstellungen, die man sich zu Händels Zeiten von dem Erhabenen machte, verband sich aber vor allem der Begriff des Großen, Monumentalen, das der italienischen Oper, aus der die Chöre verbannt waren (wo sie vorkamen, wurden sie von allen Solisten gemeinsam gesungen), weitgehend abging. Zeitgenössische Kritiker haben immer wieder die Verbannung des Chors aus der italienischen Oper beklagt, der doch in deren Vorbild, der griechischen Tragödie, eine tragende Rolle spielte. „But now the Grand Chorus, as practis'd by the Antients, is entirely banished from the Play-House, and only the name preserv'd in the Opera. (...) A Chorus, rightly introduc'd in an Opera, must give the World the ne plus ultra of Musick."[158]

𝄢 1738, als die Subskription für die Opernsaison 1738/39 aus Mangel an Subskribenten gescheitert war, musste Händel als der Zeitpunkt erschienen sein, um dieses „Ne plus ultra of musick", das man sich von der Wiedereinführung des „Grand Chorus" versprach, im Medium des englischen Oratoriums zu erreichen, das mit dem musikalisch-Erhabenen der großen Chormusik das sprachlich-Erhabene des Alten Testaments verbinden sollte. Was das Erhabene angeht, muss sich ihm der Auszug aus Ägypten als ein ideales Thema angeboten haben. Schon 1704 hatte der englische Dichter John Dennis aus dem Traktat des Longinus eine Liste schreckenerregender Vorstellungen zusammengestellt, die das Erhabene in besonderer Weise zu realisieren vermögen:

> Götter, Dämonen, Hölle, Geister und Seelen von Menschen, Wunder, Vorzeichen, Beschwörungen, Zauber, Donner, Stürme, Meeresbrandung, Überschwemmungen, Ströme, Erdbeben, Vulkane, Monstren, Schlangen, Löwen, Tiger, Feuer, Krieg, Pest, Hungersnot usw.[159]

Für Wunder, Zauber, Donner, Stürme, Meeresbrandung, Ströme, Feuer, Pest und Ähnliches findet sich in der Bibel kein besseres Beispiel als der Auszug aus Ägypten, wo sie in geballter Form auftreten.

11. Die biblische Grundlage

Ganz im Gegensatz zu seiner überragenden Bedeutung in der jüdischen und christlichen Religion spielt der Exodus-Stoff in der Musikgeschichte keine zentrale Rolle. Händels Oratorium stellt seine bei Weitem bekannteste Bearbeitung dar. Carl Philipp Emanuel Bachs Oratorium *Die Israeliten in der Wüste* (1768/69; Libretto Daniel Schiebeler)[160] setzt ein, wo Händels Oratorium aufhört und nimmt durch diese Aussparung darauf Bezug. Emanuel Schikaneder hat sich unmittelbar nach der *Zauberflöte* auf opernhafte Weise an diesem Stoff versucht[161], und einige Jahre vorher hatte Leopold Anton Kozeluch seine ebenso opernhafte azione sacra *Moise in Egitto* am Wiener Nationaltheater aufgeführt (1787).[162] Rossinis Oper *Moise et Pharaon* (1827) entfernt sich durch den Einbau einer Liebesgeschichte zu weit von der biblischen Vorlage, um als eine bedeutende Fassung der Geschichte ernsthaft in Betracht zu kommen. Wesentlich interessanter ist das fast in Vergessenheit geratene Oratorium *Moses* op. 67 von Max Bruch (1895; Libretto Ludwig Spitta).[163] Der erste Teil umfasst die Bilder „Am Sinai" und „Das Goldene Kalb", der zweite „Die Rückkehr der Kundschafter aus Kanaan" und „Das Land der Verheißung". Die

Philippe Mercier (1689–1760), Porträt von Georg Friedrich Händel.

Erzählung spart also die Szenen des Auszugs aus und schlägt einen Handlungsbogen vom Berge Sinai zum Berge Nebo, von dem aus der sterbende Mose das gelobte Land sehen darf. Bruch begründete das damit, dass der erste Teil, der Auszug aus Ägypten, ja schon von Händel in seinem Oratorium *Israel in Ägypten* gestaltet sei, verstand sein Oratorium also ähnlich wie schon Carl Philipp Emanuel Bach als Fortsetzung und Gegenstück zu Händels *Israel in Egypt*. Das verweist auf die kanonische Geltung von Händels Oratorium. Darin galt der Stoff des Auszugs aus Ägypten als ein für allemal gültig behandelt, damit konnte man bis zum Ende des 19. Jahrhunderts nicht in Konkurrenz treten. ♪ Das wagte erst Arnold Schönberg mit seiner Oper *Moses und Aron* (1930–32), der konzeptionell bei Weitem anspruchsvollsten Bearbeitung des Stoffes. Schönberg wollte die Handlung um vier Szenenkomplexe herum aufbauen: die Berufung Moses am Dornbusch, die Beglaubigungswunder von Mose und Aaron, der Tanz ums Goldene Kalb, und die Wanderung durch die Wüste; komponiert hat er aber nur die ersten beiden Akte mit den drei Szenen Berufung, Auszug und Goldenes Kalb. Schönbergs Oper ist ein hochtheologisches Werk, das um den unversöhnlichen Gegensatz kreist zwischen dem Gott der Philosophen, wie ihn Mose konzipiert, und dem Gott der Väter, wie ihn Aron verkündigt. Der dritte Akt hätte die These veranschaulichen sollen, dass die wahre Religion, wenn überhaupt, dann nur in der Wüste, aber in keinem „Gelobten Land" gelebt werden kann, aber dieser Gedanke widerstand allen Versuchen seiner künstlerischen Realisierung. Schönberg scheiterte an der Fortsetzung, weil die Oper mit dem Ende des zweiten Aktes in einer schlechterdings unübertrefflichen Weise bereits vollendet war. These und Antithese – Gedanke und Kult – fügen sich zu einem tragischen Dilemma, aber nicht zu einer Synthese. Die „Wüste" vermag diese Funktion nicht zu erfüllen.[164] Unter diesen nicht eben zahlreichen Bearbeitungen des Exodus-Stoffs ragt Händels Oratorium hervor durch seine Beschränkung auf den reinen Text der Bibel.

Die folgende Übersicht stellt die biblischen Stellen noch einmal zusammen, die Händel für den zweiten und dritten Teil herangezogen hat. Dabei gilt es zu beachten, dass Ex 15,1–21 in toto und damit der gesamte dritte Teil die Form eines Psalms hat, der als ein Stück Poesie in die Exodus-Erzählung eingefügt ist. Im zweiten Teil überwiegen die Psalmzitate.

Nr.	Form	Incipit	Bibelstelle
14a	Rezitativ	Now there arose	Ex 1,8.11.18
14b	Doppelchor	And the children of Israel sighed	Ex 2,23
15a	Rezitativ	Then sent He Moses	Ps 105,26.27.29
15b	Chorfuge	They loathed to drink	Ex 7,18f.
16	Arie	The land brought forth frogs	Ps 105,30
		He gave their cattle over	Ex 11,9f.
17	Doppelchor	He spake the word	Ps 105,31.34f.
18	Doppelchor	He gave them hailstones	Ps 105,32
		Fire mingled with the hail	Ex 9,23f.
19	Chor	He sent a thick darkness	Ex 10,21

DIE BIBLISCHE GRUNDLAGE

Nr.	Form	Incipit	Bibelstelle
20	Chorfuge	He smote all the firstborn	Ps 105,36f.
21	Chor	But as for his people	Ps 78,53; Ps 105,3
22	Chorfuge	Egypt was glad when they departed	Ps 105,38
23a	Doppelchor	He rebuked the Red Sea	Ps 106,9
23b	Doppelchor	He led them through	Ps 106,9
23c	Chor	But the waters	Ps 106,11
24a	Doppelchor	And Israel saw	Ex 14,31
24b	Chor	And believed	Ex 14,31
25a	Doppelchor	Moses and the children of Israel	Ex 15,1
25b	Doppelchor	I will sing unto the Lord	Ex 15,1
26	Duett BB	The Lord is my strength	Ex 15,2
27a	Doppelchor	He is my God	Ex 15,2
27b	Chorfuge	And I will exalt him	Ex 15,2
28	Duett	The Lord is a man of war	Ex 15,3f.
29	Doppelchor	The depths have covered them	Ex 15,5
30a	Doppelchor	Thy right hand, o Lord	Ex 15,6
30b	Doppelchor	And in the greatness	Ex 15,7
30c	Doppel- chörige Fuge	Thou sentest forth	Ex 15,7
31	Chor	And with the blast	Ex 15,8
32	Arie (Tenor)	The enemy said	Ex 15,9
33	Arie (Sopran)	Thou didst blow	Ex 15,10
34a	Doppelchor	Who is like unto thee	Ex 15,11
34b	Doppelchor	Thou stretchedst out	Ex 15,12

Nr.	Form	Incipit	Bibelstelle
34c	Doppelchörige Fuge	The earth swallowed them	Ex 15,12
35	Duett Alt/Tenor	Thou in thy mercy	Ex 15,13
36	Doppelchor	The people shall hear	Ex 15,14–16
37	Arie Alt	Thou shall bring them in	Ex 15,17
38a	Doppelchor	The Lord shall reign	Ex 15,18
38b	Rezitativ	For the horse of Pharaoh	Ex 15,19
38a	Doppelchor	The Lord shall reign	Ex 15,18
38c	Rezitativ	And Miriam, the prophetess	Ex 15,20f.
39	Doppelchor	Sing ye to the Lord	Ex 15,21

Die Exodus-Erzählung in der Tora[165]

Sieben Jahre lang, von 1732–1738, hatte Händel die Fastenzeit eher negativ als eine Periode wahrgenommen, in der keine Opern gespielt werden durften und die es daher mit konzertanten Aufführungen von Oratorien, Oden und Serenaden auszufüllen galt. So entstanden *Esther* (2. Fassung, 1732), *Deborah* (1733), *Athalia* (1735), *Alexanderfest* (1736), *Trionfo del Tempo* (2. Fassung, 1737) und *Saul* (1738, aufgeführt 1739). Mit dem Entschluss aber, Moses Lobgesang zu einem Oratorium auszubauen, muss sich Händel der Gedanke aufgedrängt haben, ein Oratorium zu schreiben, das nicht nur als Lückenfüller und Opernersatz fungiert, sondern das von der Semantik des anglikanischen Kirchenjahres her in diese vorösterliche Periode gehört und den biblischen Stoff aufgreift, der in den gottesdienstlichen Lesungen dieser Wochen seinen festen Ort hat. In der lutherischen Tradition wäre das die Passionsgeschichte. Hier haben Bachs Passionen bis heute ihren festen Platz. Händel selbst hat 1716 mit seiner Brockes-Passion (aufgeführt am 3. April 1719 in der Hamburger Domkirche) zu dieser Tradition beigetragen. In England aber gab es keine derartige Tradition; ein Oratorium hatte in der Kirche keinen Ort, und eine Passion auf dem Theater auszuführen, war undenkbar. An die Stelle der Passion stellte Händel den Auszug aus Ägypten, der in der Gottesdienstordnung der anglikanischen Kirche für die Wochen der vorösterlichen Fastenzeit fest verankert war, wo in den Morgenandachten (mattins) die graden und in den Abendandachten (evensongs) die ungraden Kapitel des Buches Exodus (bis Kap. 34) gelesen wurden.[166] *Israel in Egypt* sollte – so wie *Messiah* einige Jahre später – *das* vorösterliche Oratorium werden. In dieser Absicht gestaltet Händel den Eingangschor zum Teil „Exodus" als Choralphantasie über den Choral „Christ lag in Todesbanden" und setzt damit ganz im Sinne einer auf die frühesten Anfänge der christlichen Kirche zurückreichenden Tradition die Leiden der Israeliten unter der ägyptischen Versklavung und ihre Befreiung durch JHWH in Parallele zur Passion Christi und der Erlösung aller Gläubigen von Sünde und Tod. In diese Wochen fielen im Jahre 1739 auch der 4., 11. und 17. April, an dem Händel sein Oratorium aufgeführt hat. Auch die weiteren Aufführungen (1. April 1740, 17. und 24. März 1756, 4. März 1757, 24. Februar 1758) fielen in die Fastenzeit.

Schon Jesus selbst und seine Jünger haben die dramatischen Ereignisse um Abendmahl, Gefangennahme, Verurteilung, Folterung, Kreuzigung, Grablegung und Auferstehung im Licht des jüdischen Pessach-Festes und damit des Auszugs aus Ägypten verstanden: als Stiftung eines neuen Bundes der Erlösung. Jesus war jüdischem Brauch folgend mit seinen Jüngern zum Pessach-Fest nach Jerusalem gekommen und scheint gewusst zu haben, was ihn dort erwartet. Alle Versionen der Passionsgeschichte und die Bezugnahmen auf das Geschehen in den Paulusbriefen ziehen Parallelen zwischen Exodus und Passion. „Das wichtigste Ereignis in der Heilsgeschichte des Volkes Israel, seine Errettung aus der Hand des Pharao durch die Wundertat Gottes im Roten Meer, wurde den Christen zum ersten und wichtigsten Typos, um ihre Erlösung durch Jesus Christus zu kennzeichnen", schreibt der Theologe Hermann Goltz.[167] Der Exodus bildet den Subtext der Passionsgeschichte, die als die Gründungserzählung des „Neuen Bundes" den Exodus-Mythos mit der Sinai-Offenbarung als Gründungserzählung des „Alten Bundes" überschreibt. In der frühen Kirche wurde das Buch Exodus in der Osternacht gelesen.[168] In der Erinnerung an die Errettung des Volkes Israel aus der ägyptischen Knechtschaft feierte die christliche Kirche seit jeher und auch zu Händels Zeiten die Erlösung des neuen Gottesvolks „vom Bösen und vom Tod durch Kreuz und Auferstehung des Moses novus, Christus"[169].

Die Überlieferung vom Auszug aus Ägypten bewahrt eine Erinnerung, die weit vor die Entstehung des Christentums zurückgeht und bereits im frühjüdischen, vielleicht sogar vorexilisch-israelitischen Kult ihren festen Ort hat. Von allem Anfang an, d.h. schon im biblischen Buch Exodus selbst, wird die Geschichte vom Auszug aus Ägypten nicht nur erzählt, sondern es wird auch zugleich – und zwar im Zusammenhang der zehnten und letzten Plage – festgelegt, auf welche Weise sie durch eine jährliche Erinnerungsfeier im Gedächtnis des Volkes auf ewige Zeiten bewahrt werden soll.

> Der Herr sprach zu Mose und Aaron in Ägypten:
> Dieser Monat soll die Reihe eurer Monate eröffnen, er soll euch als der erste unter den Monaten des Jahres gelten.
> Sagt der ganzen Gemeinde Israel: Am Zehnten dieses Monats soll jeder ein Lamm für seine Familie holen, ein Lamm für jedes Haus.
> [...]
> Ihr sollt es bis zum vierzehnten Tag dieses Monats aufbewahren. Gegen Abend soll die ganze versammelte Gemeinde Israel die Lämmer schlachten.
> Man nehme etwas von dem Blut und bestreiche damit die beiden Türpfosten und den Türsturz an den Häusern, in denen man das Lamm essen will.
> Noch in der gleichen Nacht soll man das Fleisch essen. Über dem Feuer gebraten und zusammen mit ungesäuertem Brot und Bitterkräutern soll man es essen.
> Nichts davon dürft ihr roh oder in Wasser gekocht essen, sondern es muss über dem Feuer gebraten sein. Kopf und Beine dürfen noch nicht vom Rumpf getrennt sein.
> Ihr dürft nichts bis zum Morgen übrig lassen. Wenn aber am Morgen noch etwas übrig ist, dann verbrennt es im Feuer!

> So aber sollt ihr es essen: eure Hüften gegürtet, Schuhe
> an den Füßen, den Stab in der Hand. Esst es hastig!
> Es ist die Paschafeier für den Herrn.
> In dieser Nacht gehe ich durch Ägypten und erschlage
> in Ägypten jeden Erstgeborenen bei Mensch und Vieh.
> Über alle Götter Ägyptens halte ich Gericht, ich, der
> Herr.
> Das Blut an den Häusern, in denen ihr wohnt, soll ein
> Zeichen zu eurem Schutz sein. Wenn ich das Blut sehe,
> werde ich an euch vorübergehen und das vernichtende
> Unheil wird euch nicht treffen, wenn ich in Ägypten
> dreinschlage.
> Diesen Tag sollt ihr als Gedenktag begehen. Feiert
> ihn als Fest zur Ehre des Herrn! Für die kommenden
> Generationen macht euch diese Feier zur festen Regel!
> Sieben Tage lang sollt ihr ungesäuertes Brot essen.
> Gleich am ersten Tag schafft den Sauerteig aus euren
> Häusern! Denn jeder, der zwischen dem ersten und dem
> siebten Tag Gesäuertes isst, soll aus Israel ausgemerzt
> werden (Ex 12,1–15).

Das Fest ist ein rituelles Erinnerungsmahl, das die Erinnerung an den Auszug aus Ägypten für alle Zeiten festhalten soll.[170] Damit ist ein fester Überlieferungsrahmen geschaffen, in dem die erfahrene Rettung aus ägyptischer Knechtschaft von Generation zu Generation weitergegeben werden kann und der später den Subtext und das Vorbild des christlichen Osterfests sowie jeder Abendmahlsfeier bildet.

In welche zeitlichen Tiefen mag diese Erinnerung hinabreichen? Es lässt sich nicht ausschließen, dass der Mythos vom Auszug aus Ägypten einen wahren Kern hat und auf ein historisches Ereignis zurückgeht, auch wenn es sich unmöglich in den gewaltigen Dimensionen abgespielt haben kann, die es in der Tradition angenommen hat. Diese hätten sich auch außerhalb der Bibel in archäologischen oder schriftlichen Zeugnissen niederschlagen müssen, wovon sich aber nichts Eindeutiges finden ließ. In der Zeit, als Ägypten über Kanaan herrschte, also vor 1150 v. Chr., kann es durchaus möglich sein, dass einer Gruppe nach Ägypten verschleppter Hebräer die Flucht gelungen ist und ihre Verfolger in den Sümpfen und Lagunen des Deltas stecken blieben, zum Beispiel nach einem Wechsel der Windrichtung, wie in Ex 14,21 beschrieben. Dieses Ereignis muss aber als jeder historischen Nachforschung entzogen gelten, und das bis heute nicht aufhörende Fragen, was am Schilfmeer und bei den vorausgehenden Plagen wirklich geschah, ist müßig. Die literarische Ausgestaltung einer wie auch immer gearteten historischen Erfahrung gehorcht allen Gesetzen einer literarischen Komposition, die überdies in den Jahrhunderten ihrer schriftlichen Überlieferung in der Hand verschiedener priesterlicher und nichtpriesterlicher Schulen immer wieder ergänzt und erweitert wurde.

❡ Entscheidend ist nicht das historische Ereignis, sondern allein, was die Tradition daraus gemacht hat. Damals mag sich an das Erlebnis der wunderbaren Rettung das Siegeslied der Miriam geknüpft haben, das neben dem Deborah-Lied als ältestes Stück hebräischer Poesie gilt und das dann im Lauf der Zeit zum Lobgesang des Mose Ex 15,1–20 erweitert wurde.

•) Als die erste sicher datierbare Bezugnahme auf den Auszug aus Ägypten ist im Buch der Könige (1 Kön 12,28) die Formel überliefert, mit der Jerobeam I., der erste König des Nordreichs Israel, zwei goldene Stierbilder geweiht hat, die er in Dan und Bethel aufstellen ließ: „Dies sind deine Götter (Elohim, auch als „dein Gott" übersetzbar), die dich aus Ägypten heraufgeführt haben!" (die pluralische Konstruktion des Verbs spricht für „Deine Götter").[171] In dieser Formel sind bereits die entscheidenden Punkte des Exodus-Mythos präsent: die „Heraufführung" Israels aus Ägypten – und damit die Ideen von Versklavung, Befreiung, Erwählung – und Bund („dein/e Götter/Gott"). Schon die früheste Bezugnahme auf den Auszug aus Ägypten steht also in einem kultischen Zusammenhang, und der Kult gilt dem Gott/den Göttern der Befreiung. Diese Szene lässt sich datieren.

•) Die Nordstämme sollen sich nach Salomos Tod vom Jerusalemer Königtum getrennt und die Exodus-Überlieferung zum Gründungsmythos ihres eigenen Königtums gemacht haben. Jerobeam, der vor Salomo nach Ägypten geflohen war, sei im ersten Jahr Rehabeams, Salomos Nachfolger, als neuer König des Nordreichs berufen worden, und weil Rehabeam in seinem 5. Jahr vom ägyptischen König Scheschonq angegriffen wurde und dieses Ereignis nach ägyptischer Chronologie im Jahre 926 v. Chr. stattgefunden hat, muss die Gründung des Nordreichs, die Aufstellung der Stierbilder und die Reaktivierung des Exodus-Mythos in das Jahr 931 v. Chr. fallen. Im Buch Exodus wird dieses

Ereignis mit umgekehrten Vorzeichen in der Geschichte vom Goldenen Kalb gespiegelt. Dort ist es Aaron, der ein goldenes Stierbild herstellt, das dann die Israeliten mit dem Kultruf begrüßen: „Dies sind deine Götter, o Israel, die dich aus Ägypten herausgeführt haben!" (Ex 32,4). Zwischen dem 10. und dem 6. Jahrhundert war die große, alles entscheidende Wende vom kanaanäischen Bildkult zum frühjüdischen bildlosen Kult eines unsichtbaren und einzigen Gottes eingetreten, und die goldenen Kälber des Königs Jerobeam erschienen nun als schwerste Sünde, für die Gott das Nordreich mit dem Untergang durch die Assyrer 722 v. Chr. strafte.

In dieser Zeit wirkten im Nordreich die Propheten Hosea und Amos, die vor der heraufziehenden Katastrophe warnten und zur Umkehr aufriefen. Dabei nahmen beide schon expliziter auf den Auszug aus Ägypten Bezug, den sie als die große, Israel zu ausschließender Treue und Dankbarkeit verpflichtenden Tat Gottes priesen. Während Amos das Volk, vor allem die Herrschenden und die Oberschicht, für Unrecht und Unterdrückung tadelt, prangert Hosea die religiöse Untreue, die Verehrung anderer Götter und die Einführung kanaanäischer Kultbräuche an:

> Als Israel jung war, gewann ich ihn lieb, /
> ich rief meinen Sohn aus Ägypten.
> Je mehr ich sie rief, /
> desto mehr liefen sie von mir weg.
> Sie opferten den Baalen /
> und brachten den Götterbildern Rauchopfer dar
> (Hos 11,1–2).

Bei Hosea spielt der Gedanke von Bund und Erwählung bereits eine zentrale Rolle, aber der Bund wird bei ihm nicht politisch, als eine Sache von Vertrag und Gesetz, sondern als eine Liebesbeziehung zwischen Gott und Volk in der Metaphorik von Brautschaft und Ehe dargestellt.

❧ Nach der Eroberung durch die Assyrer bringen die Flüchtlinge aus dem Norden den Exodus-Mythos ins Südreich. Als auch dieses vom Untergang bedroht ist, 587 v. Chr. durch das neubabylonische Reich fällt und die Elite nach Babylon deportiert wird, entstehen die Prophetien des Jeremia und des Ezechiel, die Hoseas Metapher aufgreifen und reich ausgestalten, vor allem aber entsteht das Buch Deuteronomium, das den Bundesgedanken in die rechtliche Form eines Bündnisvertrags mit gesetzlichen Regelungen bringt und damit eine ganz neue religiöse und politische Identität des Gottesvolks begründet.

❧ Unter den vielen Vorschriften dieses Buches, das sich als eine rekapitulierende Zusammenfassung der in den Büchern 2–4 erlassenen Gebote und Gesetze versteht und daher in der christlichen Tradition den Titel *Deuteronomium* („zweites Gesetz") erhalten hat, findet sich auch eine Vorschrift für das Fest der Erstlingsopfer, das zum Pessach-Fest gehört. Wenn der Hausvater mit seinem Opfertier vor den Priester tritt, soll er folgenden Spruch rezitieren:

> Mein Vater (gemeint ist Jakob gen. Israel) war ein heimatloser Aramäer. Er zog nach Ägypten, lebte dort als Fremder mit wenigen Leuten und wurde dort zu einem großen, mächtigen und zahlreichen Volk.

> Die Ägypter behandelten uns schlecht, machten uns
> rechtlos und legten uns harte Fronarbeit auf.
> Wir schrien zum Herrn, dem Gott unserer Väter, und der
> Herr hörte unser Schreien und sah unsere Rechtlosigkeit,
> unsere Arbeitslast und unsere Bedrängnis.
> Der Herr führte uns mit starker Hand und hoch erhobenem Arm, unter großem Schrecken, unter Zeichen und
> Wundern aus Ägypten,
> er brachte uns an diese Stätte und gab uns dieses Land,
> ein Land, in dem Milch und Honig fließen.
> Und siehe, nun bringe ich hier die ersten Erträge von
> den Früchten des Landes, das du mir gegeben hast, Herr
> (Dtn 26,5–10).

Nach der Rückkehr aus dem Exil wurde der Exodus-Mythos zum Gründungsmythos des neuen Israel, das nun kein souveräner Staat mehr war, sondern eine Provinz im persischen Großreich, aber darum nur umso freier war, sich als Gottesvolk im geistlichen Sinn einer vornehmlich religiösen Gemeinschaft zu konstituieren. Damit erst entstand Religion im Sinne einer von Staat und Kultur unabhängigen, beiden kritisch übergeordneten und potentiell revolutionären Instanz, also genau in dem Sinne, an den die englischen Puritaner anknüpfen. Jetzt, nach dem Exil, entstand auch die Priesterschrift, die erstmals die Schöpfungsmythen, die Legenden der Erzväter und den Mythos vom Auszug aus Ägypten, also Kosmogonie und Ethnogenese zu einem umfassenden Geschichtswerk von bislang unbekanntem Skopus vereinigt.

꠴ Auch die babylonischen und ägyptischen Königslisten, die vermutlich als Modell einer so umfassenden Geschichtsschreibung gedient haben, beginnen mit der Weltenstehung, aber zwischen einer Liste und einer Erzählung besteht der fundamentale Unterschied von chronologischem Instrument und identitätsbegründender Meistererzählung. Die Priesterschrift schlägt einen großen narrativen Bogen von der Schöpfung der Welt zur Schöpfung des Zeltheiligtums, dem Modell des „Zweiten Tempels", der nach der Rückkehr aus dem Exil wieder aufgebaut wird. Damit – zwischen 520 und 450 v. Chr. – gewinnt auch die Exodus-Erzählung ungefähr die Form, in der sie uns in der Bibel überliefert ist.

Sie entfaltet den Bericht der Ereignisse anhand folgender sechs thematischer Schwerpunkte:

1. Die Leiden der Israeliten unter der schweren Unterdrückung durch die Ägypter: die Ausgangssituation für die kommende Heilswende, die mit der Rettung des Mose-Kindes durch die Tochter Pharaos, seiner Aufzucht am pharaonischen Hof und seiner Flucht nach Midian ihren Anfang nimmt (Ex 1–2).
2. Die Berufung Moses zum Befreier seines Volkes in der Offenbarung JHWHs im brennenden Dornbusch und Moses Rückkehr nach Ägypten (Ex 3–6).
3. Moses und Aarons Verhandlungen mit Pharao und die zehn Plagen, mit denen JHWH Ägypten schlägt, um die Freilassung seines Volkes zu erzwingen und seine überragende Macht zu demonstrieren (Ex 7–12).
4. Der endliche Auszug mit dem Durchzug durch das (traditionell mit dem Roten Meer identifizierte) Schilfmeer und die Vernichtung der nachsetzenden

ägyptischen Streitmacht in den zurückkehrenden
Fluten (Ex 13–15a).
5. Der Zug zum Sinai, die Offenbarung der zehn Gebote und des Bundesbuchs und der Bundesschluss zwischen JHWH und dem auserwählten Volk (Ex 15b–24).
6. Die Offenbarung des Zeltheiligtums, die alles aufs Spiel setzende Krise des Goldenen Kalbes und nach deren Überwindung der Bau des Heiligtums, die Einsetzung von Priesterschaft und Kult und die Stiftung einer dauernden Wohngemeinschaft von Gott und Volk (Ex 25–40).

In den Büchern Leviticus und Numeri werden weitere Gesetze erlassen im Rahmen der vierzigjährigen Wanderung des Volkes durch die Wüste, und das 5. Buch Mose, das Buch Deuteronomium, rekapituliert noch einmal in der Form einer Abschiedsrede Moses an das Volk die Verpflichtungen und Verheißungen des mit JHWH geschlossenen Bundes.

Die Exodus-Erinnerung in den Psalmen

Außerhalb der Tora spielt der Exodus eine überraschend geringe Rolle. Neben einigen wenigen Psalmen, vor allem 78, 105 und 106, die Händel vor allem herangezogen hat, sind es einige Propheten, vor allem Hosea, Amos, Micha, Jeremia, Ezechiel und Haggai, die auf den Auszug aus Ägypten anspielen, sowie die Rekapitulationen der Heilsgeschichte in Deuteronomium 26, Josua 24, Nehemia 9 sowie im Neuen Testament die Stephanus-Rede Apostelgeschichte 7. Dabei beschränken sich die älteren Quellen genau wie Händels Oratorium auf die Punkte 1–4, also den eigentlichen Auszug. Erst mit Nehemia, der um die Mitte des 5. Jahrhunderts v. Chr. gewirkt hat, wird die Gesetzgebung und der Bundesschluss in die Erzählung einbezogen. Die Psalmen 105–107, von denen vor allem Psalm 105 bei Händel eine bedeutende Rolle spielt, gehören in den Zusammenhang einer postexilischen Bundeserneuerungsfeier, wie man sie sich wieder am ehesten im Rahmen des Pessach-Festes vorstellen kann. Sie vollzieht sich in drei Schritten:

1. Das erinnernde Verkünden der Heilstaten Gottes: Psalm 105
2. Das Bekenntnis der Sünden des Volkes: Psalm 106
3. Die Erneuerung des Bundes: Psalm 107

In der folgenden Übersetzung (Einheitsübersetzung) von Psalm 105 sind die von Händel vertonten Verse durch Fettdruck hervorgehoben:

1 Dankt dem Herrn! Ruft seinen Namen an! /
Macht unter den Völkern seine Taten bekannt!
2 Singt ihm und spielt ihm, /
sinnt nach über all seine Wunder!
3 Rühmt euch seines heiligen Namens! /
Alle, die den Herrn suchen, sollen sich von Herzen freuen.
4 Fragt nach dem Herrn und seiner Macht; /
sucht sein Antlitz allezeit!
5 Denkt an die Wunder, die er getan hat, /
an seine Zeichen und die Beschlüsse aus seinem Mund.

6 Bedenkt es, ihr Nachkommen seines Knechtes Abraham, /
ihr Kinder Jakobs, die er erwählt hat.
7 Er, der Herr, ist unser Gott. /
Seine Herrschaft umgreift die Erde.
8 Ewig denkt er an seinen Bund, /
an das Wort, das er gegeben hat für tausend Geschlechter,
9 an den Bund, den er mit Abraham geschlossen, /
an den Eid, den er Isaak geschworen hat.
10 Er bestimmte ihn als Satzung für Jakob, /
als ewigen Bund für Israel.
11 Er sprach: Dir will ich Kanaan geben, /
das Land, das dir als Erbe bestimmt ist.
12 Als sie noch gering waren an Zahl, /
nur wenige und fremd im Land,
13 und noch zogen von Volk zu Volk, /
von einem Reich zum andern,
14 da ließ er sie von niemand bedrücken, /
wies ihretwegen Könige zurecht:
15 „Tastet meine Gesalbten nicht an, /
tut meinen Propheten nichts zuleide!"
16 Dann aber rief er den Hunger ins Land, /
entzog ihnen allen Vorrat an Brot.
17 Doch hatte er ihnen einen Mann vorausgesandt: /
Josef wurde als Sklave verkauft.
18 Man spannte seine Füße in Fesseln /
und zwängte seinen Hals ins Eisen
19 bis zu der Zeit, als sein Wort sich erfüllte /
und der Spruch des Herrn ihm Recht gab.
20 Da sandte der König einen Boten und ließ ihn frei, /
der Herrscher der Völker ließ ihn heraus.

21 Er bestellte ihn zum Herrn über sein Haus, /
zum Gebieter über seinen ganzen Besitz.
22 Er sollte die Fürsten lenken nach seinem Sinn /
und die Ältesten Weisheit lehren.
23 Und Israel kam nach Ägypten, /
Jakob wurde Gast im Lande Hams.
24 Da mehrte Gott sein Volk gewaltig, /
machte es stärker als das Volk der Bedrücker.
25 Er wandelte ihren Sinn zum Hass gegen sein Volk, /
sodass sie an seinen Knechten tückisch handelten.
26 Dann sandte er Mose, seinen Knecht, /
und Aaron, den Gott sich erwählte.
27 Sie wirkten unter ihnen seine Zeichen, /
im Lande Hams seine Wunder.
28 Er sandte Finsternis, da wurde es dunkel; /
doch achteten sie nicht auf sein Wort.
29 Er verwandelte ihre Gewässer in Blut /
und ließ ihre Fische sterben.
30 Ihr Land wimmelte von Fröschen /
bis hinein in den Palast des Königs.
31 Er gebot, da kamen Schwärme von Fliegen /
und von Stechmücken über das ganze Gebiet.
32 Er schickte ihnen Hagel statt Regen, /
flammendes Feuer auf ihr Land.
33 Er zerschlug ihnen Weinstock und Feigenbaum /
und knickte in ihrem Gebiet die Bäume um.
34 Er gebot, da kamen Schwärme von Grillen /
und Wanderheuschrecken in gewaltiger Zahl.
35 Sie fraßen alles Grün in ihrem Land, /
sie fraßen die Frucht ihrer Felder.

36 Er erschlug im Land jede Erstgeburt, /
die ganze Blüte der Jugend.
37 Er führte sein Volk heraus mit Silber und Gold; /
in seinen Stämmen fand sich kein Schwächling.
38 Bei ihrem Auszug waren die Ägypter froh; /
denn Schrecken vor ihnen hatte sie alle befallen.
39 Eine Wolke breitete er aus, um sie zu decken, /
und Feuer, um die Nacht zu erleuchten.
40 Als sie ihn baten, schickte er Wachteln /
und sättigte sie mit Brot vom Himmel.
41 Er öffnete den Felsen und Wasser entquoll ihm, /
wie ein Strom floss es dahin in der Wüste.
42 Denn er dachte an sein heiliges Wort /
und an Abraham, seinen Knecht.
43 Er führte sein Volk heraus in Freude, /
seine Erwählten in Jubel.
44 Er gab ihnen die Länder der Völker /
und ließ sie den Besitz der Nationen gewinnen,
45 damit sie seine Satzungen hielten /
und seine Gebote befolgten. / Halleluja!

Aus Psalm 106 übernahm Händel nur zwei Verse:

7 Unsre Väter in Ägypten begriffen deine Wunder nicht, /
dachten nicht an deine reiche Huld /
und trotzten dem Höchsten am Schilfmeer.
8 Er aber hat sie gerettet, um seinen Namen zu ehren /
und seine Macht zu bekunden.
9 **Er bedrohte das Schilfmeer, da wurde es trocken; /
wie durch eine Steppe führte er sie durch die Fluten.**

10 Er rettete sie aus der Hand derer, die sie hassten, /
erlöste sie aus der Gewalt des Feindes.
**11 Ihre Bedränger bedeckte das Wasser, /
nicht einer von ihnen blieb übrig.**
12 Nun glaubten sie Gottes Worten /
und sangen laut seinen Lobpreis (Ps 106,7–12).

Dass Händel diesem Psalm gerade die beiden Verse entnimmt, die sich auf das Meerwunder beziehen, ist kein Zufall. Diese Heilstat hebt er heraus aus den übrigen Zeichen und Wundern durch die Menge der ihr gewidmeten Stücke:

- 10   He rebuked the Red Sea
- 11   He led them through the deep
- 12   But the waters overwhelmed their enemies
    - … the horse and his rider has he thrown into the sea
    - … Pharaoh's chariots … are drowned in the Red Sea.
- 19a The depths covered them
- 20   And with the blast … the waters have gathered
- 22   Thou didst blow … the sea covered them
- 27b For the horse … went in into the sea …
- 28   The horse and his rider has he thrown into the sea

Für Händel ist das Meerwunder das Wunder der Wunder, und er hat recht, denn dies ist die rettende, seinem Volk gewidmete Machtmanifestation Gottes, während die anderen ja den Ägyptern gelten und strafenden, vernichtenden Charakter haben.

𝄢 Von Psalm 78, einer anderen liturgischen Rekapitulation der Heilstaten Gottes und der Sünden des Volkes, zitiere ich nur den Ausschnitt, der sich auf die ägyptischen Plagen und das Meerwunder bezieht.

> 10 Gottes Bund hielten sie nicht, /
> sie weigerten sich, seiner Weisung zu folgen.
> 11 Sie vergaßen die Taten des Herrn, /
> die Wunder, die er sie sehen ließ.
> 12 Vor den Augen ihrer Väter vollbrachte er Wunder /
> im Land Ägypten, im Gefilde von Zoan.
> 13 Er spaltete das Meer und führte sie hindurch, /
> er ließ das Wasser fest stehen wie einen Damm.
> 14 Er leitete sie bei Tag mit der Wolke /
> und die ganze Nacht mit leuchtendem Feuer.
> 15 Er spaltete Felsen in der Wüste /
> und gab dem Volk reichlich zu trinken wie mit Wassern der Urflut.
> 16 Er ließ Bäche aus dem Gestein entspringen, /
> ließ Wasser fließen gleich Strömen.
> [17–40: weitere Stationen der Wüstenwanderung]
> 41 Immer wieder stellten sie ihn auf die Probe, /
> sie reizten den heiligen Gott Israels.
> 42 Sie dachten nicht mehr an seine mächtige Hand, /
> an den Tag, als er sie vom Unterdrücker befreite,
> 43 als er in Ägypten Zeichen tat /
> und Wunder im Gefilde von Zoan:
> 44 Er verwandelte ihre Flüsse und Bäche in Blut; /
> sie konnten daraus nicht mehr trinken.
> 45 Er schickte einen Schwarm von Fliegen, der fraß sie auf, /
> ein Heer von Fröschen, das vertilgte sie.

46 Ihre Ernte überließ er den Grillen /
und den Heuschrecken den Ertrag ihrer Mühen.
47 Ihre Reben zerschlug er mit Hagel, /
ihre Maulbeerbäume mit Körnern aus Eis.
48 Ihr Vieh überließ er der Pest /
und ihre Herden den Seuchen.
49 Er ließ die Glut seines Zorns auf sie los: /
Grimm und Wut und Bedrängnis, / Boten des Unheils in Scharen.
50 Er ließ seinem Zorn freien Lauf; /
er bewahrte sie nicht vor dem Tod / und lieferte ihr Leben der Pest aus.
51 Er schlug in Ägypten alle Erstgeburt, /
in den Zelten Hams die Blüte der Jugend.
**52 Dann führte er sein Volk hinaus wie Schafe, /
leitete sie wie eine Herde durch die Wüste.**
53 Er führte sie sicher, sie mussten nichts fürchten, /
doch ihre Feinde bedeckte das Meer.
54 Er brachte sie in sein heiliges Land, /
in die Berge, die er erwarb mit mächtiger Hand.
55 Er vertrieb die Völker vor ihnen, /
ließ in ihren Zelten die Stämme Israels wohnen /
und teilte ihnen ihr Erbteil zu.

Sowohl Psalm 78 als auch die Psalm-Trilogie 105–107 stellen ein Thema ins Zentrum, das in Händels Oratorium keine Rolle spielt: die Sünden des Volkes, das JHWHs Heilstaten vergessen und sich von Gott, Bund und Gesetz abgewendet hat. Im Buch Exodus ist es die Episode mit dem Goldenen Kalb, die dieses Thema verarbeitet. Während Mose 40 Tage und Nächte in der Wolke auf dem Berg Sinai verweilt, geben die Israeliten unten die Hoffnung auf, ihn lebend wiederzusehen. Sie bitten Aaron, ihnen einen Gott (Elohim) zu machen, der (an Moses Stelle) vor ihnen herziehe. Daraufhin sammelt Aaron die goldenen Ohrringe ein und gießt daraus ein Stierbild. Das erfüllt in Gottes Augen den Tatbestand des Bundesbruchs, und er ist entschlossen, das ganze Volk zu vernichten und mit Mose einen neuen Anfang zu machen. Dem aber gelingt es, Gott zu versöhnen und die Krise zu überwinden, sodass das Buch mit dem Bau des Zeltheiligtums und Gottes Einzug in das Allerheiligste und in die Wohngemeinschaft mit Israel endet. Schematisch lässt sich der Aufbau folgendermaßen darstellen:

A	B	C	B'
Auszug	Bundesschluss	Bundesbruch	Versöhnung und Bundeserneuerung

Im größeren Maßstab weist der Hexateuch (die 5 Bücher Mose plus Josua) dieselbe Struktur auf:

A	B	C	B'
Exodus und Leviticus		Numeri	Josua
Auszug	Bundesschluss	Bundesbruch	Bundeserneuerung

Die nachexilischen Psalmen stellen die ganze Geschichte Israels vom Auszug aus Ägypten bis zum Untergang Jerusalems und der Neugründung des Tempels im 6./5. Jahrhundert in diesen Rahmen:

A	B	C	B'
Auszug	Bundesschluss	Bundesbruch	Bau des II. Tempels und Bundeserneuerung
Tora		Num – 2 Chr	Esra & Nehemia

Beim Bundesgedanken der Bibel geht es immer um den gebrochenen und wieder erneuerten Bund. Das Rühmen der Heilstaten Gottes ist immer verbunden mit dem Bewusstsein und Bekenntnis der eigenen Sünden, und die größte Heilstat ist Gottes treues Festhalten an dem Bund, aller Untreue des Volkes zum Trotz.

Die Pessach-Haggada

Im Judentum bietet diese erste Nacht des Pessachfestes, der Seder, bis heute den Anlass für einen Nachvollzug des Auszugs aus Ägypten in Erzählungen, Liedern, Rezitationen und dem Verzehr ritueller Speisen. Die Liturgie, die den Rahmen bildet für Improvisationen, mit denen die Familie die Nacht verbringt, stammt aus der mittelalterlichen Diaspora.[172] Mose wird in dieser Liturgie kaum erwähnt. Das macht den größten Unterschied zur biblischen Erzählung aus, in der Mose der Protagonist ist. Der jüdische Seder, die erste Nacht der Pessach-Woche, ist die festliche und liturgische Ausführung des Gebots „du sollst es deinen Sohn lehren und deines Sohnes Sohn", nämlich dass wir Sklaven waren in Ägypten und JHWH uns mit starker Hand und ausgestrecktem Arm aus der Sklaverei befreit hat:

> In jeder Generation (*bekål dôr wa-dôr*) soll der Mensch
> sich betrachten als sei er selbst aus Ägypten ausgezogen
> wie denn gesagt ist „An diesem Tag erzähl deinem
> Sohn: Das geschieht für das, was JHWH an mir getan
> hat, als ich aus Ägypten auszog" (Ex 13,8). Nicht nur
> unsere Väter hat er erlöst, sondern uns mit ihnen, denn
> es heißt „uns aber hat er dort herausgeführt, um uns
> in das Land, das er unseren Vätern mit einem Schwur
> versprochen hatte, hineinzuführen und es uns zu
> geben" (Dtn 6,23).[173]

In jeder Generation geht es darum, sich erinnernd in ein Geschehen zurückzuversetzen, das Jahrtausende zurückliegt. Zwar wird kein Lamm mehr geschlachtet, so wie damals, als es darum ging, mit seinem Blut die Türpfosten zu bestreichen, damit der Verderber (*mašḥît*, Luthers „Würgeengel") vorbeizieht, aber ungesäuerte Brote werden gegessen, so wie damals, als die Zeit fehlte, den Brotteig vor dem Aufbruch zu säuern. Es geht nicht nur um intellektuelle, sondern um emotionale und körperliche Beteiligung. Die Geschichte muss in der Ersten Person erzählt werden: Warum vollziehen wir diese Riten und befolgen diese Gebote? Weil wir Sklaven waren in Ägypten. So wie dieses „Wir" alle Juden einschließt über die hinaus, die damals aus Ägypten ausgezogen waren, so beziehen sich die Begriffe „Ägypten" und „Pharao" auf jede Form von Unterdrückung und Gewalt, wo immer sie auftreten. Ein Jude ist jemand, der aus Ägypten befreit wurde und der in dem Maße frei ist, als er sich dem Bund und seinen Geboten unterwirft. Der Seder lehrt Identität durch Identifikation. Es geht darum, Geschichte in Gedächtnis umzusetzen, eine bestimmte Vergangenheit zu „unserer" Vergangenheit zu machen und jeden Einzelnen einzuladen, an dieser Vergangenheit als seiner eigenen teilzuhaben.

9: Nach den einleitenden Segenssprüchen, dem Trinken des ersten Bechers Wein und dem Segen über den sechs rituellen Erinnerungsspeisen wird das Tablett erhoben mit den Worten: „Dies ist das Brot des Leids, das unsere Väter in Ägypten gegessen haben ..." Dann wird der zweite Becher eingeschenkt (aber nicht getrunken). Jetzt stellt das jüngste Kind die entscheidende Frage: „*Mah ništana?*"

> Warum ist diese Nacht so anders als alle anderen Nächte?
> Sonst tauchen wir nicht mal einmal ein, heute Nacht sogar zweimal!
> Sonst essen wir chametz und matzah, heute nur matzah!
> Sonst essen wir alles mögliche Gemüse, heute nur Bitterkraut!
> Sonst essen wir aufrecht sitzend, heute lehnen wir uns alle zurück!

Daraufhin wird die Geschichte erzählt: Wir waren Sklaven in Ägypten, und JHWH, unser Gott, führte uns von da heraus mit starker Hand und ausgestrecktem Arm; und man diskutiert, wie die Geschichte vom Auszug aus Ägypten erzählt werden soll. Wichtig ist das Detail der Sitzhaltung: zurückgelehnt und mit dem linken Arm aufgestützt. Auch dies ist ein Erinnerungszeichen: an das antike Symposion als einer Festsitte der Freien und Vornehmen, unter die sich das auserwählte Volk in der Feier des Seder rechnet.

🞯 Immer wieder wird klargestellt, dass es hier nicht nur um alte Geschichte geht: „... denn nicht nur einer stand auf gegen uns, uns zu vernichten, sondern in jeder Generation stehen sie auf gegen uns, uns zu vernichten, und der Heilige – gesegnet sei er – errettet uns aus ihrer Hand." Gewalt, Verfolgung, Unterdrückung sind allgegenwärtig. Allgegenwärtig ist aber auch die Rettung. Vom Exodus zu erzählen ist nicht nur ein Akt der Erinnerung, sondern auch der Hoffnung und Ermutigung.

🞯 Im Zuge der heilsgeschichtlichen Rekapitulation werden auch die zehn Plagen mit einem Stichwort aufgerufen, und zu jeder Plage wird ein Finger in den Becher mit Wein getaucht und ein Tropfen verschüttet:

> Blut (*dām*)
> Frösche (*ṣᵉfardᵉ'îm*)
> Läuse (*kinnîm*)
> Ungeziefer (*'ārov*)
> Pest (*dævær*)
> Beulen (*šᵉḥîn*)
> Hagel (*bārād*)
> Heuschrecken (*'arbæh*)
> Finsternis (*ḥošækh*)
> Tötung der Erstgeburt (*makhat b'khorôt*)

Diese Rezitation der zehn Plagen hat keinen triumphalistischen Charakter. Das Judentum geht zurückhaltend mit dem Schicksal der Ägypter um. „Aber weil die Ägypter getötet wurden und im Meer untergingen, sollst du dich nicht freuen", heißt es in einem Text (Yalk, Mishle 960). Im Zohar heißt es, die Engel wollten nach der Tötung der ägyptischen Erstgeburt ein Loblied anstimmen. Das verbot ihnen Gott: sie sollten vielmehr warten, bis die Söhne Israels ihr Loblied anstimmen werden (Zohar III Behaaloteka 149a).[174] Dies ist das Loblied, das Mose und die Israeliten nach der Durchquerung des Schilfmeers singen. Aber als die Engel ein Loblied singen wollten beim Anblick der im Meer versinkenden ägyptischen Streitmacht, hat sich Gott auch hier einen Lobgesang verbeten: „Das Werk meiner Hände ertrinkt im Meer und ihr wollt singen?" (Babylonischer Talmud Sanhedrin 39b vgl. Megilla 10b). Mose und die Israeliten aber dürfen singen, denn sie haben nicht wie die Engel von himmlischen Logenplätzen zugeschaut, sondern waren Gegenstand von Gottes rettendem Einschreiten in höchster Not und Gefahr. Auch in der Bibel sind Siegeslieder selten. Moses Lied ist das erste Loblied, das in der Bibel angestimmt wird.

♪ Im Schlussgebet geht es um die Heimkehr aus der Diaspora:

> Sei gnädig, Herr unser Gott, deinem Volke Israel, deiner Stadt Jerusalem, Zion, dem Wohnsitz deiner Herrlichkeit, deinem Altar und deinem Tempel. Baue Jerusalem, die heilige Stadt, wieder auf, schnell, in unseren Tagen, und bring uns hinauf zu ihr!

Die Feier endet mit dem Wunsch *„Auf nächstes Jahr in Jerusalem!"* – *le-šanah haba'a b^eYerušalayim*.

Die Ähnlichkeit dieser Darstellung des Auszugs aus Ägypten mit Händels Auswahl der Schwerpunkte der Erzählung ist unverkennbar. In beiden Fassungen spielt Mose kaum eine Rolle; Gott ist es, der die Initiative ergreift und sein Volk errettet. Beide Fassungen zählen die Plagen auf, in denen Gott seine Macht an den Ägyptern erweist. Da Händel mit dem Lobgesang des Mose begann, ergab es sich für ihn von selbst, dass Mose in seiner Darstellung des Exodus in den Hintergrund tritt und auch der Exodus mit den Plagen in derselben Perspektive gezeigt wird. Mose ist es, der den großen Lobgesang des dritten Teils anstimmt, aber er ist nicht der Akteur der Geschehnisse, die ausschließlich als Gottes Initiative erscheinen. Wo es um die preisende Erinnerung an die Heilstaten Gottes geht, spielt Mose keine Rolle. Er ist nur Instrument, aber nicht Protagonist. Ganz anders verfährt das Buch Exodus, das wie eine Mose-Biographie den Helden ins Zentrum stellt und JHWH erst am Ende des zweiten Kapitels auftreten lässt. Blickt man auf die anderen Oratorien Händels, die alle einen Eigennamen (im Falle des *Messiah* einen Titel) im Titel tragen, dann hätte es eigentlich nahegelegen, ein Oratorium „Mose" zu schreiben (so wie Max Bruch 160 Jahre später). Genau das tut Händel jedoch nicht, ihm geht es nicht um die Gestalt des Mose, sondern um die Heilstaten Gottes an seinem Volk; dieses Volk ist der eigentliche Protagonist der Handlung, aber nicht als Subjekt, sondern Objekt der Heilsgeschichte. Damit stellt sich Händel in die Tradition der liturgischen Erinnerung an den Auszug aus Ägypten, wie er im jüdischen Seder als Gründungsakt des jüdischen Volkes und in der christlichen Fastenzeit als Präfiguration der Heilstat Christi gefeiert wird. Die Erlösung der Israeliten aus der ägyptischen Knechtschaft ist in der christlichen

Auslegung der Antitypos, das alttestamentliche Gegenstück, zur Erlösung der Menschheit aus der weltlichen Verstrickung in Sünde und Tod, und die Offenbarung des Gesetzes geht in diesem Verständnis der Offenbarung des Sohnes voraus. Diese Bezüge waren in der englischen Tradition noch stärker als in der deutschen lebendig, weil sich die Engländer des 17. und 18. Jahrhunderts mit dem Volk Israel identifizierten. So wie die Juden sich im Pessach-Fest ihrer Identität als auserwähltes Volk immer aufs Neue vergewissern und die neue Generation in diese Identität hineinnehmen, so will Händel mit diesem Oratorium dem englischen Volk eine festliche Form kollektiver Selbstvergewisserung bieten, natürlich nicht im Sinne des Nationalismus des 19. Jahrhunderts, als das Oratorium endlich seinen Platz neben *Messiah* an der Spitze der nationalen Beliebtheit errang, sondern im ursprünglichen geistlichen Sinn der Bundesvergewisserung durch erinnerndem Nachvollzug der rettenden Intervention Gottes.

𝄢 Aus der Idee, das Volk Israel zum Protagonisten eines Oratoriums zu machen, und zwar als Objekt der Heilstaten Gottes und Subjekt des dankenden Lobpreisens, ergab sich für ihn ganz natürlich der Plan, ein Chor-Oratorium zu schreiben in der Form eines dreifachen Anthems. Das Experiment scheiterte am Unwillen des Publikums, sich auf eine solche kühne Neuerung einzulassen. Erst das 19. Jahrhundert mit seiner Neigung zu nationalen Gefühlserhebungen und seiner Vorliebe für Händel-Aufführungen mit Massenbesetzung und Laienbeteiligung begeisterte sich – wenn auch wohl nicht ganz in Händels Sinne – gerade für *Israel in Egypt*.

III. Der Text

GEORG FRIEDRICH HÄNDEL
Israel in Egypt (1739)
A Sacred Oratorio

Thomas Hudson (1701–1779), Porträt von Georg Friedrich Händel 1749.

Part I:
The Lamentation of the Israelites for the Death of Joseph

1 SYMPHONY

2 CHORUS
The sons of Israel do mourn, and they are in bitterness (Lamentations 1:4); all the people sigh (Lamentations 1:11), and hang down their head to the ground (Lamentations 2:10).

3 CHORUS
How is the mighty fall'n (2 Samuel 1:19)! He that was great among the people, and ruler of the provinces (Lamentations 1:1)! How is the mighty falln!

4 CHORUS
He put on righteousness, and it cloathed him; his judgment was a robe and a diadem (Job 29:14).

5 SOLI (SOPRAN, ALT, TENOR, BASS)
When the ear heard him, it blessed him; and when the eye saw him, it gave witness of him (Job 29:11).

6 CHORUS
How, how is the mighty falln! He that was great among the people, and ruler of the provinces!

Teil I:
Das auf die Totenklage für Joseph umgetextete *Funeral Anthem* für Königin Caroline

CHOR[175]
Die Söhne Israels trauern, und sind voll Bitterkeit; all ihr Volk klagt und senkt den Kopf zu Boden.

CHOR
Wie sank die Macht dahin! Er der so groß bei allem Volke und Herrscher der Provinzen war. Wie sank die Macht dahin!

CHOR
Er legte an Gerechtigkeit und sie stand ihm wohl. Sein Urteil war ein Diadem und ein Prachtgewand.

SOLI
Wessen Ohr ihn hörte, der pries ihn selig; und wessen Aug ihn schaute, der rühmte ihn.

CHOR
Weh, wie sank die Macht dahin! Er der so groß bei allem Volke und Herrscher der Provinzen war.

7 CHORUS
He deliver'd the poor that cried, the fatherless, and him
that had none to help him (Job 29:12). Kindness, meekness
and comfort were in his tongue (Ecclesiasticus 36:23);
if there was any virtue, and if there was any praise,
he thought on those things (Philippians 4:8).

8 CHORUS
How, how is the mighty falln! He that was great among
the people, and ruler of the provinces!

9 SOLI (SOPRAN, ALT, TENOR, BASS)
The righteous shall be held in everlasting remembrance
(Psalm 112:6), and the wise will shine as the brightness of
the firmament (Daniel 12:3).

10 CHORUS
Their bodies are buried in peace: but their name liveth
evermore (Ecclesiasticus 44:13).

11 CHORUS
The people will tell of their wisdom, and the congregation
will shew forth their praise (Ecclesiasticus 44:14); their
reward also is with the Lord, and the care of them is with
the Most High (Wisdom of Solomon 5:15).

12 SOLI AND CHORUS (SOPRAN, ALT, TENOR, BASS)
They shall receive a glorious kingdom, and a beautiful
crown from the hand of the Lord (Wisdom of Solomon
5,16).

CHOR
Er erhörte den Ruf der Armen, der Waisen und half dem, dem niemand half. Großmut, Güte und Trost war in seinem Mund; wo da eine Tugend, ein Lob war, dem sann er nach.

CHOR
Weh, wie sank die Macht dahin! Er der so groß bei allem Volke und Herrscher der Provinzen war.

SOLI
Der Gerechte wird bewahrt in ewigem Gedächtnis, und der Weise glänzt in der Klarheit der Sterne.

CHOR
Ihr Leib kam im Grabe zur Ruh', aber ihr Name währet ewiglich.

CHOR
Das Volk rühmt hoch ihre Weisheit, und die Gemeinde feiert laut ihren Preis; und ihr Lohn ruht in der Hand des Herrn, und der Höchste sorgt für sie.

SOLI UND CHOR
Sie werden ein glorreiches Königreich erben und eine schöne Krone aus der Hand des Herrn.

13 CHORUS
The merciful goodness of the Lord endureth forever on them that fear him, and his righteousness on children's children (Psalm 103:17).

Part II:
Exodus

14a RECITATIVE (TENOR)
Now there arose a new king over Egypt, which knew not Joseph; and he set over Israel taskmasters to afflict them with burthens, and they made them serve with rigour (Exodus 1:8,11,13).

14b SOLO (ALTO) AND CHORUS
And the children of Israel sighed by reason of the bondage, and their cry came unto God. They oppressed them with burdens, and made them serve with rigour; and their cry came up unto God (Exodus 2:23; 1:13).

15a RECITATIVE (TENOR)
Then sent He Moses, His servant, and Aaron whom He had chosen; these shewed His signs among them, and wonders in the land of Ham. He turned their waters into blood (Psalm 105:26,27,29).

CHOR
Die gnadenreiche Güte des Herrn bleibt für immer bei denen, die ihn fürchten, seine Gerechtigkeit bei Kindeskindern.

Teil II:
Exodus

REZITATIV
Da kam ein neuer König auf in Ägypten, der wusste nichts von Joseph; und er setzte Fronvögte über sie, die sie mit schweren Lasten drücken sollten; und sie zwangen sie zu Dienst mit Unbarmherzigkeit.

SOLO UND CHOR
Und die Kinder Israels seufzten über ihre Arbeit, und schrien: und ihr Schreien kam vor Gott. Sie drückten sie mit Lasten und zwangen sie zu Dienst mit Unbarmherzigkeit; und ihr Schreien kam vor Gott.

REZITATIV
Er sandte seinen Knecht Mose und Aaron, den er hatte erwählet; dieselben taten seine Zeichen unter ihnen und seine Wunder im Lande Hams. Er verwandelte ihr Wasser in Blut.

15b CHORUS
They loathed to drink of the river. He turned their waters into blood (Exodus 7:18; Psalm 105:29).

16a AIR (ALTO)
Their land brought forth frogs, yea, even in their king's chambers. He gave their cattle over to the pestilence; blotches and blains broke forth on man and beast (Psalm 105:30).

17 CHORUS
He spake the word, and there came all manner of flies and lice in all quarters. He spake; and the locusts came without number, and devoured the fruits of the ground (Psalm 105:30,31,34,35; Exodus 9:23,24).

18 CHORUS
He gave them hailstones for rain; fire mingled with the hail ran along upon the ground (Psalm 105:32).

19 CHORUS
He sent a thick darkness over the land, even darkness which might be felt (Exodus 10:21).

20 CHORUS
He smote all the firstborn of Egypt, the chief of all their strength (Psalm 105:36,37).

CHOR
Es ekelte sie, zu trinken „von dem Wasser" aus dem Strom. Er verwandelte ihr Wasser in Blut.

ARIE (ALT)
Ihr Land brachte Frösche hervor sogar in bis in die Kammern ihres Königs. Er gab ihr Vieh der Pest anheim; böse schwarze Blattern befielen Mensch und Vieh.

CHOR
Er sprach, da kamen aller Art Fliegen und Läuse in all ihr Gebiet.
Er sprach, da kamen Heuschrecken und Käfer ohne Zahl; und fraßen die Früchte auf ihrem Felde.

CHOR
Er gab ihnen Hagel statt Regen; Feuerflammen vermischt mit Hagel fielen auf ihr Land.

CHOR
Und er sandte eine dichte Finsternis über alles Land; eine Finsternis, dass man's greifen mag.

CHOR
Und schlug alle Erstgeburt in Ägypten, alle Erstlinge ihrer Kraft.

21 CHORUS
But as for His people, He led them forth like sheep:
He brought them out with silver and gold; there was
not one feeble person among their tribes
(Psalm 78:53; 105:37).

22 CHORUS
Egypt was glad when they departed, for the fear of them
fell upon them (Psalm 105:38).

23a CHORUS
He rebuked the Red Sea, and it was dried up
(Psalm 106:9a).

23b CHORUS
He led them through the deep as through a wilderness
(Psalm 106:9b).

23c CHORUS
But the waters overwhelmed their enemies, there was
not one of them left (Psalm 106:11).

24a CHORUS
And Israel saw the great work that the Lord did upon
the Egyptians, and the people feared the Lord,
24b
and believed the Lord and His servant Moses
(Exodus 14:31).

CHOR
Doch sein Volk ließ er ausziehen wie Schafe; und führte sie aus mit Silber und Gold; und war kein Gebrechlicher unter ihren Stämmen.

CHOR
Ägypten war froh, als sie abzogen, denn die Furcht vor ihnen hatte sie befallen.

CHOR
Der Herr schalt das Rote Meer, und es war trocken.

CHOR
Und er führte sie durch die Tiefe wie durch die Wildnis.

CHOR
Doch das Wasser ersäufte ihre Feinde, dass nicht einer von ihnen übrig blieb.

CHOR
Und Israel sah das große Werk, das der Herr an den Ägyptern getan hatte, und das Volk fürchtete den Herrn,

und glaubte ihm und seinem Knecht Mose.

Part III:
Moses' Song

25 CHORUS
Moses and the children of Israel sung this song unto the Lord, and spake, saying: I will sing unto the Lord, for He hath triumphed gloriously; the horse and his rider hath He thrown into thesea (Exodus 15:1).

26 DUET (SOPRANO 1 & 2)
The Lord is my strength and my song; He is become my salvation (Exodus 15:2).

27a CHORUS
He is my God, and I will prepare him an habitation; my father's God,

27b CHORUS
And I will exalt him (Exodus 15:2).

28 DUET (BASS 1 & 2)
The Lord is a man of war: Lord is His name. Pharaoh's chariots and his host hath He cast into the sea; his chosen captains also are drowned in the Red Sea (Exodus 15:3,4).

29 CHORUS
The depths have covered them: they sank into the bottom as a stone (Exodus 15:5).

TEIL III:
Moses' Lobgesang

CHOR
Da sangen Moses und die Kinder Israel dies Lied dem Herrn und sprachen: Ich will dem Herrn singen, denn er hat eine herrliche Tat getan, Ross und Mann hat er ins Meer gestürzt.

DUETT
Der Herr ist meine Stärke und mein Lobgesang, und ist mein Heil.

CHOR
Er ist mein Gott; ich will ihm eine Wohnung bereiten; er ist meines Vaters Gott,

und ich will ihn erheben.

DUETT
Der Herr ist der rechte Kriegsmann. Herr ist sein Name. Die Wagen Pharaos und seine Macht warf er ins Meer; seine auserwählten Hauptleute versanken im Schilfmeer.

CHOR
Die Tiefe hat sie bedeckt; sie fielen zu Grund wie die Steine.

30a CHORUS
Thy right hand, O Lord, is become glorious in power;
Thy right hand, O Lord, hath dashed in pieces the enemy.

30b And in the greatness of Thine excellency
Thou hast overthrown them that rose up against Thee.

30c Thou sentest forth Thy wrath, which consumed them as stubble (Exodus 15:6,7).

31 CHORUS
And with the blast of Thy nostrils the
waters were gathered together, the floods stood upright as an heap, and the depths were congealed in the heart of the sea (Exodus 15:8).

32 AIR (TENOR)
The enemy said, I will pursue, I will overtake, I will divide the spoil; my lust shall be satisfied upon them; I will draw my sword, my hand shall destroy them
(Exodus 15:9).

33 AIR (SOPRANO)
Thou didst blow with the wind, the sea covered them; they sank as lead in the mighty waters (Exodus 15:10).

34a CHORUS
Who is like unto Thee, O Lord, among the gods.
Who is like Thee, glorious in holiness, fearful in praises, doing wonders?

CHOR
Herr, Deine rechte Hand tut große Wunder; Herr, Deine rechte Hand hat die Feinde zerschlagen.

Und in der Größe Deiner Herrlichkeit hast Du sie gestürzt, die gegen Dich stritten.

Du sandtest deinen Zorn aus und er verzehrte sie wie Stoppeln.

CHOR
Und vor dem Hauch Deines Mundes versammelten sich die Wasser, die Flut stand aufrecht wie ein Wall, die Tiefe erstarrte im Herzen der See.

ARIE
Der Feind gedachte: Ich will nachjagen und erhaschen, und den Raub austeilen, und meinen Mut an ihnen kühlen; ich will mein Schwert ausziehen, und meine Hand soll sie verderben.

ARIE
Da ließest Du den Wind blasen, und das Meer bedeckte sie. Sie sanken unter wie Blei im mächtigen Wasser

CHOR
Herr, wer ist Dir gleich unter den Göttern?
Wer ist Dir gleich, der so mächtig, heilig, schrecklich, löblich und wundertätig sei?

34b Thou strechedst out Thy right hand,

34c the earth swallowed them (Exodus 15:11,12).

35 DUET (ALTO AND TENOR)
Thou in Thy mercy hast led forth Thy
people which Thou hast redeemed; Thou hast guided
them in Thy strength unto Thy holy habitation
(Exodus 15:13).

36 CHORUS
The people shall hear, and be afraid:
sorrow shall take hold on them: all the
inhabitants of Canaan shall melt away: by the greatness
of Thy arm they shall be as still as a stone; till Thy people
pass over, O Lord, which Thou hast purchased
(Exodus 15:14,15,16).

37 AIR (ALTO)
Thou shalt bring them in, and plant them in the
mountain of Thine inheritance, in the place, O Lord,
which Thou hast made for Thee to dwell in, in the
Sanctuary, O Lord, which Thy hands have established
(Exodus 15:17).

38a CHORUS
The Lord shall reign for ever and ever (Exodus 15:18).

Du strecktest aus deine Rechte,

die Erde verschluckte sie.

DUETT
Du hast geleitet durch Deine Barmherzigkeit Dein Volk, das Du erlösest hast, und hast sie geführt durch Deine Stärke zu Deiner heiligen Wohnung.

CHOR
Die Völker sollen es hören und erbeben: ein Erschrecken soll auf sie fallen; alle Einwohner Kanaans sollen dahingehen: durch Deinen mächtigen Arm sollen sie erstarren wie die Steine, bis Dein Volk, Herr, hindurchzog, das Du erworben hast.

ARIE
Du bringest sie hinein, und pflanzest sie auf dem Berge Deines Erbteils, an dem Ort, den Du, Herr, Dir zur Wohnung gemacht hast, zu Deinem Heiligtum, Herr, das Deine Hand bereitet hat.

CHOR
Der Herr wird König sein auf immer und ewig.

38b RECITATIVE (TENOR)
For the horse of Pharaoh went in with his chariots and with his horsemen into the sea, and the Lord brought again the waters of the sea upon them; but the children of Israel went on dry land in the midst of the sea (Exodus 15:19).

38a CHORUS
The Lord shall reign for ever and ever (Exodus 15:18).

39a RECITATIVE (TENOR)
And Miriam the prophetess, the sister of Aaron, took a timbrel in her hand; and all the women went out after her with timbrels and with dances. And Miriam answered them (Exodus 15:20f.):

39b SOLO (SOPRANO) AND CHORUS
Sing ye to the Lord, for He hath triumphed gloriously; the horse and his rider hath He thrown into the sea (Exodus 15:21).

REZITATIV
Denn der Pharao zog hinein ins Meer mit Rossen und Wagen und Reitern; und der Herr ließ das Meer wieder über sie fallen. Aber die Kinder Israel gingen trocken mitten durchs Meer.

CHOR
Der Herr wird König sein auf immer und ewig.

REZITATIV
Da nahm Mirjam, die Prophetin, Aarons Schwester, eine Pauke in ihre Hand, und alle Frauen folgten ihr nach mit Pauken im Reigen. Und Mirjam sang ihnen vor:

SOLO UND CHOR
Lasst uns dem Herrn singen; denn er hat eine herrliche Tat getan[176]; Ross und Mann hat er ins Meer gestürzt.

Anmerkungen

1 Ludwig Fischer, „Gleichsam ein kanonisirter Tonmeister"
2 „The distinction due to Shakespeare in energy of poetry, to Michel Angelo in sculpture and painting, Handel may justly claim in the sister art, to him belongs the Majesty of Music. The merit of Handel is not confined: it is of universal cast, that he may be styled the great musician of nature": William Coxe, *Anecdotes of George Frederick Handel*.
3 Le pour et le contre, zit. nach B. Baselt, *Händel Handbuch* Band 4 (im Folgenden HHb 4), 245.
4 John Mainwaring, *Memoirs of the Life of the late George Frideric Handel*, London 1760. Diese Biographie erschien bereits 1761 in Hamburg in deutscher Übersetzung von keinem Geringeren als Johann Mattheson.
5 Ellen T. Harris, „Joseph Goupy and George Frideric Handel." Der Maler Goupy gehörte vor dieser Entgleisung zu Händels wenigen sehr engen Freunden, danach hat Händel ein ihm zugedachtes Legat in seinem Testament gestrichen.
6 Erik Dremel, „Anthems", 272 (Abb.).
7 Unnachahmlich beschrieben von Romain Rolland, „Bildnis Händels", in: *Gesammelte Aufsätze I, Zur Geschichte der Musik*, Potsdam 1950, 7–26. S. auch Dorothea Schröder, *Georg Friedrich Händel*, München 2008, 111–116.
8 Ch. Burney, *Nachricht von Georg Friedrich Händels Lebensumständen*, xliv.
9 S. Ilias Chrossochoidis, „A Founding Father of Social Responsibility in Music?".

10 „There is a Spirit got up against the Dominion of Mr. Handel, a subscription carry'd on, and Directors chosen, who have contracted with Sinesino, and have sent for Cusszoni, and Farinelli", nach Burrows, *Handel*, 176.
11 Z.B. konnte man in The Craftsman vom 7. April 1733 u.a. lesen: „The Rise and Progress of Mr. H-L's Power and Fortune are too well known for me now to relate. Let it suffice to say that He was grown so insolent upon the sudden and undeserved Increase of both, that He thought nothing ought to oppose his imperious and extravagant Will. He had, for some Time, govern'd the Opera's, and modell'd the Orchestre, without the least Controul. No Voices, no Instruments were admitted but as flatter'd his Ears, though they shocked those of the Audience ... No Musick but his own was to be allowed, though every Body was weary with it; and he had the impudence to assert, that there was no Composer in England but Himself. (etc. etc.)" s. HHb 4, 212.
12 Brief von C.W. von Borcke an Friedrich Wilhelm I. von Preussen, 1.1.1734.
13 On l'admire, mais c'est de loin, car il est souvent seul: un charme entraine la foule chez Farinellli", nach HHb 4, 254.
14 Händel war eingeladen worden, im Juli in Oxford eigene Werke aufzuführen und einen Ehrendoktor in Musik entgegenzunehmen, den er aber ablehnte.
15 Begonnen am 12. August 1734, nach einem ersten Kuraufenthalt in Tunbridge Wells (HHb 4, 243).
16 *Georg Friedrich Händel. Biographie von John Mainwaring*, hg.v. Hedwig und E.H. Müller von Asow, Werk Verlag Frisch und Perneder, Lindau 1949, 78.
17 Vgl. Ilias Chrissochoidis, „Handel at a Crossroads".
18 I. Chrissochoidis, „Handel recovering" kann auf Grund neuer Quellen den Zeitraum von Händels physischem Zusammenbruch auf die Tage zwischen dem 8. und 11. April eingrenzen (Ostern fiel auf den 10. April). Die plötzliche Absetzung der für den 13. April vorgesehenen Aufführung des Pasticcios *Didone*

Abandonnata (Musik von Vinci, Hasse, Giacomelli, Vivaldi, bearbeitet von Händel) fände so die plausibelste Erklärung.

19 „The ingenious Mr. Handel is very much indispos'd, and it's thought with a Paraletick Disorder, he having at present no Use of his Right Hand, which, if he don't regain, the Publick will be depriv'd of his fine Compositions", nach HHb 4, 281. Am 5. Mai schrieb James Harris einen ausführlichen Brief an Anthony Ashley Cooper, 4th Earl of Shaftesbury, in dem er sehr besorgt über Händels Zustand berichtet.

20 Gegen einen Schlaganfall sprechen allerdings der schnelle Erfolg der Aachener Bäderkur sowie die jahrelang vorausgehenden „rheumatischen" Beschwerden. Man könnte auch an eine Arthrose oder einen Bandscheibenvorfall im oberen Bereich der Wirbelsäule mit einer in den rechten Arm ausstrahlenden Nervenentzündung denken. Von einem Infarkt wäre eher der linke Arm betroffen.

21 „His right arm was become useless to him, from a stroke of the palsy; and how great his senses were disordered at intervals, for a long time, appeared from a hundred instances (...) In this melancholic state, it was in vain for him to think of any fresh projects for retrieving his affairs. His first concern was how to repair his constitution...". Mainwaring, 121f. zit. nach Burrows, *Handel*, 195

22 28.7.1735 Händel schreibt an Jennens, bedankt sich für ein Libretto [Saul] und geht nach Tunbridge Wells.

23 Die Dampf-Temperatur soll über 53° C betragen haben.

24 „Mr. Handel, the Composer of the Italian music, is hourly expected from Aix-la-Chapelle." HHb 4, 285. Die ständigen Nachrichten über Händels Befinden und Aktivitäten in den Londoner Zeitungen zeugen von seinem prominenten Status. Interessant ist seine Assoziation mit „italienischer Musik", die mit seinem Engagement bei der neu erstandenen Gesellschaft für die italienische Oper zusammenhängt. Das sollte sich bald ändern.

25 Uraufführung 3.1.38.
26 Serse, beendet 14.2., Uraufführung 15.4.
27 Premiere 25.2. 1738.
28 Das autographe Ms ist in einer für Händel ungewöhnlichen Weise übersät mit Ausstreichungen, Korrekturen, Änderungen, Umstellungen und anderen Spuren eines mühsamen Arbeitsprozesses.
29 Uraufführung am 16.1.1739
30 „Fine. Octobr 11, 1738".
31 „15 Octobr 1738". Blatt 1–4 verworfen, Neuanfang auf Blatt 4 mit „Now there arose ..." und Eintrag „Part ye 2d of Exodus".
32 „Fine della parte 2da d'Exodus, Octobr 20, 1738.
33 „Den 1. Novembr völlig geendiget".
34 Nach H.C.Robbins Landon, *Handel and his World*, Boston, Toronto 1984, S. 161 (British Museum).
35 Siehe vor allem die Dissertation von Minji Kim, *Handel's Israel in Egypt: A Three-Anthem Oratorio*, Brandeis 2007.
36 Vgl. auch Silke Leopold, „Israel in Egypt".
37 Hermann Goltz, „Die biblische Gestalt des Volkes Israel".
38 S. Robert James Merrett, „England's Orpheus".
39 „But as a permit was granted for its exhibition, we may conclude that Mr. Handel has worked a greater miracle than any those ascrib'd to Orpheus, tho' the Poets give us their Words, that Savages, Stocks and Stones, were sensible of his Harmony". HHb 4, 307.
40 Brief an Edward Holdsworth vom 10.Juli 1741, HHb 4, 334.
41 Dass Jennens mit Händels Messiah-Vertonung so unzufrieden war, könnte darauf hindeuten, dass ihm auch für diesen Text ein opernferner, repräsentativer Anthem-Stil vorgeschwebt hatte, wie ihn Händel in *Israel in Egypt* entwickelte.
42 I have read my Bible very well and shall chuse for myself Ch. Burney, Sketch of the Life of Handel, 34 (dt. Übers. J.J. Eschenbach, S. 43).
43 Erik Dremel, „Anthems und englische Kirchenlieder".

44 S. Dean, *Dramatic Oratorios*, 309. Aus dem *Funeral Anthem* wollte Händel nach Ausweis des Autographs die Nr. 1 („the ways of Zion"), 3–5 („When the ear" bis „she thought on those things"), 8, 9 und 15 übernehmen.
45 Minji Kim, „Handel's Use of German Chorales in Israel in Egypt", 98f. Table 1. S. auch John Roberts, „German Chorales in Handel's English Works".
46 Minji Kim, „Handel's Use of German Chorales", 103f.
47 Ruth Smith, *Handel's Oratorios*, 95.
48 Chrysander, *Psalmen* III, 70.
49 Chrysander, *Psalmen* III, 178ff. Händel verwendet den Choral in einem Satz von Friedrich Wilhelm Zachow (*Händel-Lexikon*, 172).
50 Der Sarabandenrhythmus tritt erstmals ab Takt 19 in der Oboenstimme I hervor, dann wieder 30–34 und öfter, immer in den Oboen+Viola (Fagott?).
51 „Die Klagen des Bauern" B1 338–342 = B2 72–76, R. B. Parkinson, *The Tale of the Eloquent Peasant*, 43f.
52 S. Jan Assmann, *Ma'at. Gerechtigkeit und Unterblichkeit im Alten Ägypten*.
53 Vgl. Jan Assmann, *Ma'at*.
54 Jean Terrasson, *Séthos*.
55 Nach Ruth Smith, *Handel's Oratorios*, 104–107.
56 Übersetzung von Händels Libretto, nicht des Bibeltexts.
57 S. Annette Landgraf, „Die Synthese verschiedener Gattungen", 147. Kurze Accompagnati finden sich z.B. in Anthem III („For I acknowledge my faults") und VII („For who is among the clouds").
58 LV 47 s. Annette Landgraf, „Die Synthese verschiedener Gattungen", 245f.; Friedrich Wilhelm Zachow, *Sämtliche Werke für Tasteninstrumente*, hg. v. Heinz Lohmann, Wiesbaden 1966, Nr. 7, 10.
59 Aus Max Seiffert (Hg.), *Gesammelte Werke von Friedr. Wilh. Zachow*, Denkmäler der deutschen Tonkunst XXI–XXII, Leipzig 1905, 343.
60 Erik Dremel, „Anthems und englische Kirchenlieder", 248f.
61 Chrysander, *Supplement* 3.

62 Vgl. damit den Chor „Help! Help the king" in *Belshazzar*, der die Reaktion der Babylonier auf die Schrift an der Wand und das Entsetzen des Königs ausdrückt.
63 S. hierzu J. Assmann, *Die Zauberflöte*, 336f.
64 Vgl. Wolfgang Hirschmann, „Sublime strokes".
65 Minji Kim, *Handel's Israel in Egypt*, vergleicht damit den Satz „iudicabit in nationibus" in seiner frühen Psalmvertonung Dixit Dominus, wo Händel dasselbe Verfahren anwendet, um die Schläge darzustellen, mit denen Gott seine Feinde bestraft (S. 148 und Beispiel 3.23).
66 Minji Kim, *Handel's Israel in Egypt*, 187f. Händel hatte dieses Stück zweifellos während seines Studiums bei Zachow in sein Notenbuch kopiert, das er sich 1698 anlegte und das nach dem Ende des 18. Jahrhunderts verloren gegangen ist. Über dieses Notenbuch schreibt William Coxe in seinen *Anecdotes*:
„Among Mr. Smith's collection of music, now in the possession of his daughter-in-law, Lady Rivers, is a book of manuscript music, dated 1698 and inscribed with the initials G.F.H. It was evidently a commonplace book belonging to Handel in his fourteenth year of his age. (...) It contains various airs, choruses, capricios, fugues, and other pieces of music, with the names of contemporary musicians, such as Zackau (!), Alberti, Froberger, Krieger, Kerl (!), Ebner, Strunch (!). They were probably exercises adopted at pleasure or dictated for him to work upon by his master. The composition is uncommonly scientific, and contains the seeds of many of his subsequent performances."
67 Willi Hillemann, *Ricercare, Canzonen und Fugen des 17. und 18. Jahrhunderts für Orgel oder Klavier*, Nagels Musikarchiv Nr. 87, Hannover 1932, 23. Für den vollständigen Notentext (mit T. 30-71) s. z.B. Sedley Taylor, *Handel's Indebtedness*, 76-81.
68 Dass dieser Chor von „Quia respicit humilitatem" aus dem *Magnificat* von Erba (Chrysander, Suppl. I, 9) abhängig sein soll, kann ich nicht erkennen.
69 Minji Kim, *Handel's Israel in Egypt*, 166f. mit Beispiel 3.32.

70 Silke Leopold, „‚Israel in Egypt'", 43. Allerdings verwendet Händel die Pauken in gleicher Weise schon bei der Darstellung eines Seesturms in der ersten Szene der Oper *Riccardo Primo* (1727).
71 Minji Kim, *Handel's Israel in Egypt*, Beispiel 3.34b S. 301 und 3.35 S. 302. Sie führt auch als weiteres Beispiel „Tuona Balena" aus HWV 98 (Cuopre tal colta il cielo) an, das zeigt, dass es sich hier um einen festgeprägten Händelschen Topos für das aufgewühlte Meer handelt.
72 Chrysander, Suppl. III, 31.
73 Canticum Mosis II ist Dtn 32.
74 Fr. Chrysander, *Supplement* I, bildet zwei Seiten aus Händels Kopie ab, die aus der Zeit der Arbeit an *Saul* stammt.
75 Minji Kim, *Handel's Israel in Egypt*, 179f.
76 Stefan Kunze, *Die Instrumentalmusik Giovanni Gabrielis*, Tutzing 1963, Notenteil, 1–7. Im Textteil erwähnt Kunze das Ricercar kurz auf S. 92, geht aber leider nicht weiter darauf ein. Auch Händels Bearbeitung wird von Kunze nicht erwähnt. Vgl. a. Clytus Gottwald, *Die Handschriften der Gesamthochschulbibliothek Kassel, Landesbibliothek und Murhardsche Bibliothek Kassel*, Bd. 6, Manuscripta Musica, Wiesbaden 1997, 164 Nr. 59h. 6 Blätter mit der Kennzeichnung M.D.C. Ricercar sopra Re fa mi don. Gottwald deutet wenig überzeugend „M.D. C." nicht als Jahreszahl 1600, sondern als eine Komponistensignatur. Die Zuschreibung an Giovanni Gabrieli ist nicht unumstritten. S. Eleanor Selfridge-Field, *Venetian Instrumental Music from Gabrieli to Vivaldi*, 3rd ed., Dover 1994 (orig. 1975), 98. Auch für dieses Stück schöpft Händel gewiss aus seinem Notenbuch, das er sich in seiner Studienzeit bei Zachow angelegt hat. Es gibt keine andere Erklärung, wie Händel auf dieses in keinem anderen Exemplar außer in der Kasseler Abschrift erhaltene Stück gestoßen sein könnte. Jordi Savall hat es mit seinem Ensemble Hespèrion XX unter dem Titel „A Musical Banquet" bei Virgin Veritas 7243 5 62028 2 5 (1978) eingespielt, vgl. https://www.youtube.com/watch?v=l4eOMQ-ojNZE.

77 Der Titel erklärt sich vielleicht als versteckte Aufforderung „Re, fa mi don" = König, mach mich zum ‚Don' (= erhebe mich in den Adelsstand). So würde sich die Schreibung „don" für „do" erklären.
78 Auch Erbas Ritornell ist mit 27 Takten erstaunlich lang.
79 Burrows, *Handel*, 248.
80 Vgl. unten, S. 242f. zum Verweis Gottes an die Engel in der jüdischen Tradition, über den Untergang der Ägypter nicht zu jubeln.
81 Vgl. Linda Maria Koldau, „Israel in Egypt", *Händel-Handbuch* Bd. 3, 280f.
82 Nach Rainer Albertz, *Exodus 1–18*, 228.
83 S. Minji Kim, *Handel's Israel in Egypt*, 224.
84 Die Handschrift befand sich zu Chrysanders Zeit im Buckingham Palace und wird von Chrysander in die Jahre 1737/38 datiert, weil ihre zittrige Unsicherheit auf seine physische Schwäche in dieser Zeit hinweist, s. F. Chrysander, *G.F. Händel* I, 170.
85 Im Royal College of Music, London.
86 Chrysander basierte seine Edition auf Händels Abschrift, zog aber, da diese mit dem Chor „Sicut locutus est" auf S. 54 der Ed. Chrysanders abbricht, die andere Kopie heran.
87 A. Landgraf, HHA I/14 Teilband 2, 413.
88 In einem Brief vom 9. April 1739 an den Prinzen Kastemir preist Giambattista Gastaldi Elisabeth Duparc als „the Cuzzoni and Faustina of the Hay Market" und äußert die Vermutung, dass ihr Gönner Mr. Farnes, der schon Heidegger 400 Pfund zugunsten der Duparc gezahlt hat, Händel bestochen haben könnte, „to compose some fine airs for this illustrious virtuosa" (A. Landgraf, in HHA I/14, X).
89 Vermerk in der Partitur „Through the land S[ignor]a Frances[ina] N 1". A. Landgraf, Teilband 2, 414–420.
90 S. Annette Landgraf, HHA I/14, IX.
91 HHb 4, 307.
92 HHb 1, 421.

93 G. Ph. Telemann, Kantatenjahrgang „Harmonischer Gottesdienst", Hamburg 1725/26, Kantate 19, Nr. 3 „Immanuel ist da".
94 Vermerk in der Partitur: „N 2 Angelico Splendor ex B Sa Frances." Ich danke Claudia Maderna für Hilfe bei der deutschen Übersetzung des italienischen Textes.
95 Zu dieser Korrektur s. A. Landgraf HHA I/14 Teilband 2, 606.
96 Zu dieser Motette und ihrer Datierung s. H.-J. Marx, „Silete Venti", in: Ders. (Hg.), *Händels Kirchenmusik*, 204-209.
97 A. Landgraf, HHA I/14 Teilband 2, 428-434.
98 A. Landgraf, HHA I/14 Teilband 2, 434-449; 583.
99 A. Landgraf, HHA I/14 Teilband 2, 450-454. Vermerk in der Partitur: „N 4 La speranza la costanza Sa Frances." Die Arie „La speranza" erklang mit dem neuen Text bereits in dem Pasticcio „An Oratorio" am 28. März 1738.
100 A. Landgraf, HHA I/14 Teilband 2, 553-565.
101 Vgl. allerdings die harsche Kritik von Winton Dean, *Handel's Dramatic Oratorios*, 484 („excess of frothy coloratura", „Handel ... inclined to doodle").
102 HHb 2, 101.
103 S. Thomas Synofzik, im Booklet zu der Einspielung von Händel/Mendelssohn, *Israel in Egypt*, cpo 777/222-2, S. 11.
104 Im Oktober 2001 wurde diese Fassung im Leipziger Gewandhaus aufgeführt.
105 Numerierung nach HHb 2, 353ff.
106 Diese Arie hat Händel noch vor der Aufführung von *Solomon* am 17. März 1749 gestrichen, s. HHb 2, 367.
107 Text in [ ] von Annette Landgraf rekonstruiert.
108 Nach „There youthful Cupid", Comus HWV 44, Nr. 5.
109 Zu diesem Thema s. Annette Landgraf, *Die Rezeptionsgeschichte von Händels Oratorium* Israel in Egypt *von 1739 bis zur Mitte des 20. Jahrhunderts* (in Vorbereitung).
110 I. Chrissochoidis, *Early Reception of Handel's Oratorios, 1732-1784*: Narrative-Studies-Document. PhD dissertation, Stanford 2004.

111 Edmund Burke, *A Philosophical Inquiry into the Origins of Our Ideas of the Sublime and the Beautiful*, hg. v. Adam Philips, Oxford 1990.
112 Ilias Chrissochoidis, „,True Merit always Envy rais'd'". Vgl. aber A. Landgraf, „War Israel in Egypt wirklich ein Fehlschlag?" und dies., HHA I/14, x–xi.
113 Brief von Giambattista Gastaldi an Fürst Cantemir vom 9. April 1739.
114 HHb 4, 307.
115 „Philharmonica" an James Harris, Chrissochoidis, „,True Merit always Envy rais'd'", 69, Anm. 2.
116 HHb 4, 307f.
117 HHb 4, 308.
118 „Performed, to the surprize of myself and of many others, to a very numerous audience", *The Scots Magazine* 1, 1739, 181.
119 Zit. nach Annette Landgraf, „War Israel in Egypt wirklich ein Fehlschlag?", 204 m. Anm. 9.
120 HHb 4, 308–9, irrtümlich auf den 18. April datiert. R.W. (nach Chrissochoidis handelt es sich um Richard Warner, einen sehr engagierten Handelian) ist der Meinung, dass der Text von Händel selbst zusammengestellt wurde, und empfiehlt, unbedingt ein Textbuch in die Aufführung mitzunehmen, weil nur mit dem vollen Verständnis der Worte „Leib und Seele" des Werks zusammenkommen.
121 Griev'st thou, my Friend, that HARMONY has foes?
That Spite and Ignorance Desert oppose?
Reflect: true Merit always Envy rais'd,
Who felt herself condemn'd, when That was prais'd.
In vain thou hop'st to charm with Sounds divine
The Fiend, who stops her ears to Sounds like Thine;
Deaf to the Charmer's voice, tho' ere so wise:
The more thy Art to sooth her Malice tries,
The more her Javelin of detraction flies,
But flies in vain; her Javelin let her throw,

>   Superior Merit still eludes the Blow.
>   If Vandal ears with native dulnes curst,
>   Damn the best Musick, and applaud the worst;
>   If thou to dull P—ti quit the Field,
>   And Bards inspir'd to duller C—i yield;
>   Repine not but attend the sure Event,
>   And with the pleasing Prospect rest content.
>   THOU know'st the rigour of *Egyptian* Law,
>   Exacting Brick, yet not allowing Straw.
>   Think on this lot severe, and pity those
>   Who justly claim thy pity, tho' thy Foes,
>   By Hunger, without Genius, fated to Compose.
>   Pity th'Egyptian darkness of His Mind,
>   Who gropes for HARMONY, but cannot find.
>   Nay, pity us, once doom'd Two Hours to bear
>   Such Sounds as Thou has made us loath to hear.
>   FROM Day to Day thou shift'st thy flying Muse,
>   From Day to Day the Vandal host pursues:
>   They cannot long; like *Egypt*, quickly drown'd,
>   Their own dull weight shall sink 'em in the vast Profound.
>   Thou safe, like Israel, on the Promis'd Shore,
>   Enjoy, enjoy the Wreck, nor fear their Insults more.

122 Charles Burney schreibt im 4. Band seiner *History of Music*: „Her Ladyship distinguished herself as a persevering enemy to Handel, and a protrectress of foreign musicians in general, of the new Italian style." S. auch Hans-Joachim Marx (Hg.), *Händel und seine Zeitgenossen*, 231f.

123 > The Thracian Women 'tis wellknown,
>   Despis'd all music, but their own;
>   But chiefly one, of envious Kind,
>   With skin of Tyger capuchin'd
>   Was more implacable than all,
>   And straight resolv'd poor Orpheus' Fall;
>   Whenever he play'd, she'd make a Drum,

> Invite her Neighbours all to come;
> At other Times, wou'd send about,
> And drag 'em to a revel-Rout:
> Then she: Behold, that Head and Hand,
> Have brought to scorn the Thracian Band;
> Nor ever can our Band revive,
> While that Head, Hand or Finger live. (usw.)
> HHb 4, 384f.

124 Pescetti war 1735 als Komponist der Adelsoper ein- (und gegen Händel auf-)gestellt worden und hatte mit seiner Oper *Demetrio*, die es auf 14 Aufführungen brachte, einigen Erfolg.
125 S. I. Chrissochoides, „,True Merit always Envy rais'd'", 69.
126 „Israel in Egypt did not take: it is too solemn for common ears." HHb 4, 497.
127 A. Landgraf, Teilband 2, 463–565.
128 „It was too sublime a composition to please those hearers who are ignorant oft the science of music, and of course when performed in the oratorio season (Lent) it never brought a numerous auditory." HHb 4, 513.
129 „Handel gave out to the world by various friends, that if he had not an audience worthy oft he composition, he would burn the score'!!! Perhaps this full attendance at the Theatre saved the Oratorio of Israel in Egypt from being destroyed by its venerable author." HHb 4, 513, vgl. A. Landgraf, „War Israel in Egypt wirklich ein Fehlschlag?", 203f.
130 Einen ganz anderen Tiefpunkt in der Rezeptionsgeschichte markierte eine Aufführung in Covent Garden 1833, die Händels Oratorium mit Rossinis *Mosè in Egitto* vermischte.
131 Vgl. die Einspielung von Hermann Max.
132 A. Landgraf, „War Israel in Egypt wirklich ein Fehlschlag?", 207.
133 A. Landgraf, „Israel in Egypt: ein Oratorium als Opfer der Politik".

134 HHb 4, 308. „Würde ein solcher Geschmack [wie ihn das Oratorium Israel in Egypt erfordert] in einem Volk allgemein herrschen, dann könnte dieses Volk bei einer ähnlichen Gelegenheit, sollte sie ihm jemals zustoßen, die gleiche Befreiung erwarten, wie sie diese Lobgesänge feiern, und ein protestantisches, freies, moralisch starkes, vereinigtes England hätte wenig zu fürchten, sollte sich, wann immer später, die ganze Macht des sklavischen, bigotten, vereinigten, unchristlichen Papsttums gegen es erheben."
135 Ute Jung-Kaiser, „Israel in Egypt 1833"; W. Sandberger, „Händels Israel in Egypt"; Th. Synofzik, „Oratorium Israel in Ägypten". Vgl. auch Bernd Edelmann, „Händel-Rezeption von 1800 bis 1850", in: Ulrich Tadday (Hg.), *Händel unter Deutschen*, Musik-Konzepte 131, 23–51, bes. 44–48.
136 A. Landgraf, HHA I/14, IX mit Anm. 18.
137 Eine sehr hörenswerte Einspielung der Mendelssohnschen Bearbeitung von *Israel in Egypt* durch Hermann Max, die Rheinische Kantorei und Das Kleine Konzert ist bei 2009 cpo unter der Nr. 777 222-2 erschienen.
138 https://www.youtube.com/watch?v=-qDwz3JdD1c.
139 Die grundlegende Zusammenstellung Händelscher Entlehnungen geht auf den Anfang des 20. Jhs. zurück. Auf der Basis der Forschungen von Friedrich Chrysander und Max Seiffert hat Sedley Taylor, *The Indebtedness of Handel* die eklatantesten Beispiele zusammengestellt. Ein Nachdruck erschien 2014 bei Cambridge University Press. Vgl. neben Murray, *Handel and Musical Borrowing* vor allem auch Frank Heidlberger, „Händels Israel in Egypt und das Problem der Entlehnung".
140 Thomas Mann, Brief vom 30.12.45, s. Theodor W. Adorno, Thomas Mann, *Briefwechsel*, 19.
141 S. hierzu die digital publizierte Dissertation von N. M. Murray, *Handel and Musical Borrowing*.
142 S. Max Seiffert, „Händels Verhältnis zu Tonwerken älterer deutscher Meister", in: *Jahrbuch der Musikbibliothek Peters* 1907,

41–57; Bernd Baselt, „Handel and his Central German Background", in: Stanley Sadie, Anthony Hicks (Hg.), *Handel Tercentenary Volume*, London 1987, 43–60.
143 In den Akten der Academy wird der Begriff „alt" erklärt: „By the Compositions of the Ancients is meant of those who lived before the end of the sixteenth century." (http://ichriss.ccarh.org/HRD/1726-31%20Academy%20of%20Vocal%20Music.htm)
144 Hans Ulrich Gumbrecht, *Unsere breite Gegenwart*.
145 Gudrun Bach, „Händel-Rezeption", 15–17.
146 Graham L. Hammill, *The Mosaic constitution. Political theology and imagination from Machiavelli to Milton*, Chicago und London: The University of Chicago Press 2012.
147 Vgl. Ruth Smith, *Handel's Oratorios* Teil II „The Patriot Libretto", 171–345, s. vor allem den Abschnitt „British Israel", 213–229. „The responses in the 1662 Prayer Book equate the Israelite chosen people with the people of present-day Britain in what amounts to a blue-print for the plots of several of the simpler oratorios" (215).
148 Allenfalls Frankreich mit seiner Nationalstaatlichkeit und seiner gallikanischen Kirche ließe sich mit England vergleichen, aber der Gallikanismus war eine Form des Katholizismus und als solcher nicht so eindeutig nationalpolitisch determiniert wie der protestantische Anglikanismus in England.
149 Wobei man sich allerdings fragen muss, inwieweit diese Oratorien zu Händels Lebzeiten eigentlich angesichts der enormen Eintrittspreise wirklich volkstümlich werden konnten. Diese Wirkungen konnte das Händelsche Oratorium erst in seiner Rezeptionsgeschichte ab der irrtümlich vorgezogenen Hundertjahrfeier seines Geburtstags 1784 entfalten.
150 Smith, *Handel's Oratorios*, 109. Vgl. auch C. L. Johnson, „Handel and the Musical Sublime" und I. Chrissochaidis, „Handel's Oratorio and the Sublime according to John Baillie". Der Traktat von Baillie erschien posthum 1747 und hat das Verdienst, Longinus' rein rhetorischen Begriff des Erhabenen auf die

Natur und auch auf die Musik auszudehnen. Er versteht unter dem Erhabenen keine Eigenschaft bestimmter Dinge, sondern deren Wirkungen auf die menschliche Seele.

151 Nicolas Boileau, *Traité sur le sublime*. In England war der Traktat des Longinus schon 1636 auf Griechisch und Lateinisch, und 1652 in englischer Übersetzung herausgekommen. Dabei wurde der Begriff *hypsos* mit „Height of Eloquence" wiedergegeben. Der Ausdruck „sublime" bürgerte sich erst mit der Rezeption von Boileaus Übersetzung als französisches Lehnwort in England ein (s. Chrissochoidis, „Handel's Oratorio and the Sublime according to John Baillie", 253f.).

152 *Peri Hypsous* VIII.1. Ich benutze die Ausgabe von Henri Lebègue, *Du Sublime*, Collection Budé, Paris 1952.

153 S. Dietmar Till: *Das doppelte Erhabene. Geschichte einer Argumentationsfigur von der Antike bis zum Beginn des 19. Jahrhunderts*, Tübingen 2006.

154 Ruth Smith, *Handel's Oratorios*, 382f. n. 7 erwähnt (mit Hinweisen auf Händels Oratorien in Klammern) Davids Klage um Saul und Jonathan (*Saul*), das Lied der Deborah (*Deborah*), den Schluss von Psalm 24, Mt 11,28–30; Off. 19–11–17 (*Messiah*); Hiob 29 (*Israel in Egypt*). Andere zeitgenössische poetologische Schriften zitieren als Beispiele des Erhabenen vor allem das Moses-Lied und das Deborah-Lied.

155 A. H. Shapiro, „‚Drama of an Infinitely Superior Nature'".

156 Der Musikwissenschaftler Hermann Abert hatte den Begriff „Ombra"-Szene in seinem Buch *Niccolò Jommelli als Opernkomponist* mit Bezug auf Beschwörungen und Visionen von Totengeistern (ombre) geprägt. Allgemeiner, mit Bezug auf Todesnähe überhaupt, verwendet ihn Clive McClelland, *Ombra*. Sehr viel ausgreifender noch ist Horst Goerges' Studie *Das Klangsymbol des Todes* angelegt.

157 McClelland, *Ombra*, 164–167.

158 Anon., *The Touch-Stone* (1728), 124 ff., zitiert nach Smith, *Handel's Oratorios*, 65 f. Ruth Smith verweist im gleichen Zusammen-

hang auch auf einen Brief Shaftesburys aus dem Jahr 1702, worin dieser drei Empfehlungen für die Oper ausspricht: schlichtere Inszenierung (keine Maschinen), Orientierung an der antiken Tragödie mit ihren Chören und der natürlichen Sprache nähere Rezitative. Vieles spricht dafür, dass es dieser Brief ist, für dessen Mitteilung Händel sich im Jahre 1736 beim Sohn, dem 4. Earl of Shaftesbury, in enthusiastischen Tönen bedankt. Zum Erhabenen der Händelschen Chöre vgl. Annette Richards: „Vereint durch den erhabenen Chor: Das ästhetisch-politische Vermächtnis von Händels Hallelujah im Zeitalter der Personalunion'", in: *Göttinger Händel-Beiträge* 20, 2015, 7–30.
159 Nach McClelland, *Ombra*, 20.
160 *Die Israeliten in der Wüste. Ein geistliches Singgedicht*, Wq 238. Der Textdichter Daniel Schiebeler beschränkt sich auf eine einzige Szene der Wanderung zum Sinai: das dürstende Volk und das Wasser, das Mose bei Massa Meriba aus dem Felsen schlägt (Num 20 vgl. Ex 17).
161 Emanuel Schikaneder, *Moses oder der Auszug aus Ägypten*, in zwey Abtheilungen, Musik von Franz Xaver Süßmayer (1792).
162 Anonymus, *Moisè in Egitto*, Musik von Leopold Anton Kozeluch (1787), Uraufführung am 22.12.1787 im Nationaltheater in Wien.
163 Vgl. hierzu J. Assmann, Joachim Landkammer und Thomas Ostermann, „Max Bruchs Moses – ein biblisches Oratorium", in: *Neue Chorszene*, Zeitschrift des Städtischen Musikvereins zu Düsseldorf e.V. 2/10, August 2010, 43–49.
164 Marc M. Kerling, „O Wort, du Wort, das mir fehlt". *Die Gottesfrage in Arnold Schönbergs Oper Moses und Aron*, Mainz 2004; J. Assmann, „Die Mosaische Unterscheidung in Schönbergs Moses und Aron", in: *Musik und Aesthetik* 9, Heft 33, 2005, 5–29.
165 S. J. Assmann, *Exodus*.
166 H. Goltz, „Die biblische Gestalt des Volkes Israel", 22.
167 Goltz, „Die biblische Gestalt des Volkes Israel", 20.
168 Goltz, „Die biblische Gestalt des Volkes Israel", a.a.O.

169 Goltz, „Die biblische Gestalt des Volkes Israel", 23.
170 Hierauf bezieht sich Ps 111,4: „Er hat ein Gedächtnis gestiftet seiner Wunder, der gnädige und barmherzige Gott."
171 In der Bibel werden die Verben „herausführen" und „heraufführen" gleichermaßen für den Auszug aus Ägypten verwendet. Das eine betont Auszug und Befreiung, das andere Landgabe und Gottesnähe. Das Verb „aufsteigen" bezieht sich bis heute prägnant auf die Einwanderung nach Israel.
172 Ich benutze die von Rabbi Michael Shire et. al. herausgegebene Hebräisch-Deutsche Ausgabe der *Pessach Haggada* (Berlin 2013). Zu Aufbau und Bedeutung der Haggada siehe D. Krochmalnik: „Du sollst erzählen!".
173 M. Shire et. al. (Hg.): *Pessach Haggada*, 36.
174 S. Ferdinand Dexinger, „*Exodusmotiv II*".
175 Die Übersetzung folgt dem Text des Librettos.
176 Eigentlich: „denn hoch hat er sich aufgerichtet".

Zeittafel

1685   23. Februar: Geburt Georg Friedrich Händels in Halle als Sohn des Wundarztes und herzoglichen Leibarztes Georg Händel (63) und seiner zweiten Frau Dorothea geb. Taust (34)

1692   Beginn der Studien unter Friedrich Wilhelm Zachow auf Anraten Herzog Johann Adolfs von Sachsen-Weißenfels

1696   Besuch in Berlin, Vorspiel am preußischen Hof (?)

1697   Tod des Vaters

1698   Händel legt sich ein Notenbuch mit Abschriften von Musikstücken an, aus dem er einiges für *Israel in Egypt* verwendet

1702   Händel wird Organist an der reformierten Domkirche und schreibt sich als Student an der Universität ein

1703   Juli: Händel geht nach Hamburg als Geiger, später Cembalist im Orchester der Oper am Gänsemarkt

1704   Händels erste Oper, *Almira* (aufgef. 8. Januar 1705, 20 weitere Aufführungen)

1705–6   Händel komponiert weitere, heute verlorene Opern (*Nero, Daphne, Florindo*)

ZEITTAFEL

1706–9 Händel in Italien, komponiert dort zwei Oratorien (*La Resurrezione, Il trionfo del Tempo*), zwei Opern (*Rodrigo, Agrippina*), Kantaten und Motetten

1710 Händel wird Kapellmeister des Kurfürsten von Hannover
Nov./Dez. Ankunft in London

1711 Händels erste Londoner Oper, *Rinaldo* (aufgef. 24. Feb., 15 weitere Aufführungen)
Rückkehr nach Hannover

1712 Oktober Rückkehr nach London, komponiert *Il pastor fido* (aufgef. 22. Nov.) und *Teseo* (aufgef. 10. Jan. 1713)

1713 Komponiert *Utrecht Te Deum, Jubilate*, Geburtstagsode für Queen Anne, sowie die Oper *Silla*. Entlassung aus Hannoverschem Dienst. Erhält 200 Pfund Jahrespension von Queen Anne

1714 Händels (ehemaliger) Dienstherr Kurfürst Georg Ludwig von Hannover (1660–1727) wird König von England und erneuert Händels Dienstverhältnis

1715 Händel komponiert die Oper *Amadigi* (aufgef. 25. Mai)

1716 Deutschlandreise, holt Johann Christoph Schmidt als Assistenten nach London

1717 Wassermusik auf der Themse aufgef. 17. Juli. Händel in Cannons, komponiert Anthems

1718 Händel in Cannons, komponiert Anthems, *Acis and Galathea* und *Esther*

1719 Gründung der Royal Academy of Music.
Deutschlandreise zur Anwerbung von Sängern.
Wird Hauskomponist und Kapellmeister der
Academy

1720 Komponiert *Radamisto* (aufgef. 27. April). Zweite
Opernsaison eröffnet im Nov. mit *Astarto* von
Giovanni Bononcini. Senesino in London

1721–22 Weitere Opern: *Muzio Scevola* (3. Akt), *Floridante*.
Dezember Francesca Cuzzoni in London

1723 *Ottone* (aufgef. 12. Jan., 14 weitere Auff.).
Händel wird „Composer of Musick" für die
Chapel Royal mit weiteren 200 Pfund Jahres-
pension

1724–25 Weitere Opern: *Giulio Cesare in Egitto* (20. Feb.),
Tamerlano (31. Okt.) und *Rodelinda* (13. Feb. 1725)

1726 Weitere Opern: *Scipione* (12. März); *Alessandro*
(5. Mai); *Admeto* (10. Nov.)

1727 Händel wird engl. Staatsbürger. Tod Georg I.
Komponiert 4 Krönungs-Anthems für Georg II.
(Auff. 11. Okt.). Oper *Riccardo Primo* (Auff.
11. Nov.)

1728 Opern: *Siroe* (Auff. 17. Feb.); *Tolomeo* (Auff.
30. April). Ende der Royal Academy

1729 Heidegger und Händel übernehmen auf eigene
Rechnung den Opernbetrieb im King's Theatre.
Italienreise zur Anwerbung von Sängern.
Lotario (Auff. 2. Dez.)

1730 Neue Oper: *Partenope*

1731 Opern: *Poro*; zahlreiche Wiederaufnahmen
(*Rinaldo, Rodelinda, Tamerlano, Admeto*)

1732 Opern: *Sosarme; Orlando* (Auff. 27.Jan. 1733).
Erste Oratorienaufführung: *Esther* (Auff.
2. Mai); *Acis and Galathea*

1733 Oratorien *Deborah* (Auff. 17. März) und *Athalia*.
7. Juli Reise nach Oxford, Auff. von *Deborah*,
Athalia und *Esther*; lehnt den ihm angebotenen
Doktortitel ab
Gründung der Konkurrenzoper (Opera of the
Nobility) mit Nicola Porpora als Hauskomponist. Abwanderung von Händels Sängern außer
Strada; Händel engagiert den Kastraten Carestini und die Sopranistin Durastanti. Erhält
Auftrag für das Hochzeitsanthem „This is the
day" HWV 262 (Auff. 14. März zur Hochzeit von
Prinzessin Anne und Prinz Willem)

1734 Händel komponiert *Arianna in Creta* (Auff.
26. Jan.) und die Serenade *Parnasso in Festa* (Auff.
14. März zur Hochzeit von Prinzessin Anne).
Ende von Händels Vertrag mit dem King's
Theatre, Umzug nach Covent Garden.
Komponiert *Ariodante* (Auff. 8. Jan. 1735)

1735 Erstmals drei Oratorien-Auff. in der Fastenzeit:
Esther (6 Auff.), *Deborah* (3 Auff.), *Athalia*
(5 Auff.). Komponiert *Alcina* (Auff. 16. April)

1736 Zweite Saison in CG beginnt mit englischsprachigen Werken: *Alexander's Feast*, *Acis and
Galathea*, *Esther*; neue Oper: *Atalanta* (Auff.
12. Mai zur Hochzeit des Prince of Wales mit
Augusta von Sachsen-Gotha-Altenburg).
Komponiert die Opern *Giustino* und *Arminio*

1737 Auff. *Arminio* (8. Jan.), *Giustino* (16. Feb.) und *Berenice* (18. Mai); Neufassung des Oratoriums *Il Trionfo del Tempo* (23. März). Händel erleidet um den 11. April einen Schlaganfall (?). Am 11. Juni beendet die Opera of the Nobility ihre letzte Saison. Sept.–Okt. Händel zur Kur in Aachen. Rückkehr Ende Okt. Gründung einer neuen Operngesellschaft mit Händel; komponiert die Opern *Faramondo* (Auff. 3. Jan. 1738) und *Serse* (Auff. 15. April 1738), dazwischen das *Funeral Anthem* für Königin Caroline (Auff. 17. Dez. 1737)

1738 Benefizkonzert für Händel im King's Theatre 28. März. Aufstellung der Statue von Rabouliac in Vauxhall Gardens Ende April. Gründung des Fund for the support of decayed musicians. Scheitern der Subskription für eine Opernsaison 38/39. Händel komponiert *Saul* (Juli–Sept., dazwischen Entwurf der Oper *Imeneo*) und *Israel in Egypt* (Okt.)

1739 Händel mietet auf eigene Rechnung das King's Theatre für eine reine Oratoriensaison. Auff. von *Saul* (16. Jan.) und *Israel in Egypt* (4. April), dazu Wiederaufnahmen von *Alexander's Feast* und *Il Trionfo del Tempo*. Komponiert *Cäcilienode* (Auff. 22. Nov.) und die Concerti Grossi op. 6.

1740 Händel komponiert das Oratorium *L'Allegro, il Penseroso ed il Moderato* (Auff. 27. Feb.). Beginnt im Herbst im Lincoln Fields Theatre noch einmal eine gemischte Saison mit der Serenata

Parnasso in Festa (8. Nov.) und der Oper *Imeneo* (22. Nov.)

1741 Händels letzte Oper *Deidamia* (Auff. 10. Jan.), ferner Auff. von *L'Allegro, Acis, Saul, Cäcilienode.* Komponiert 22. Aug.–14. Sept. *Messiah*. Abreise nach Dublin (Ankunft am 18. Nov.)

1742 Händel führt in Dublin *L'Allegro, Acis, Cäcilienode, Esther, Alexander's Feast, Imeneo, Saul* und am 13. April *Messiah* auf. Aug./Sept. Rückkehr nach London

1743 Auff. von *Samson* in Covent Garden; Londoner Erstauff. von *Messiah* 23. März. Händel erleidet neuen Schlaganfall (?), erholt sich schnell. Komponiert *Dettingen Te Deum* und *Anthem* sowie das Oratorium *Joseph and his Brethren*

1744 Auff. in Covent Garden von *Semele* (10. Feb.), *Samson, Saul* und *Joseph* (2. März). Komponiert im Sommer *Belshazzar* (Libretto Charles Jennens) und *Hercules*

1745 Saison wird fortgesetzt mit Auff. von *Belshazzar* und *Hercules*, neben Wiederaufnahmen. Händel muss aus Mangel an Zuspruch seine Subskriptionskonzerte abbrechen und bietet Rückzahlung an, worauf die Subskribenten großzügig verzichten. Lady Brown zieht ihm mit ihren Konzerten sein Publikum ab.

1746 Auff. des *Occasional Oratorio* am 14. Feb. in Vorwegnahme des Siegs über das Heer des Kronprätendenten durch den Herzog von

	Cumberland (16. April); komponiert im Sommer *Judas Maccabaeus*
1747	Triumphale Auff. von *Judas Maccabaeus* am 1. April zur Feier des endgültigen Sieges
1748–1752	Weitere Oratorien: *Joshua* (9. März 1748), *Alexander Balus* (23. März 1748), *Susanna* (10. Feb. 1749), *Solomon* (17. März 1749), *Theodora* (16. März 1750), *The Choice of Hercules* (1. März 1751), *Jephtha* (26. Feb. 1752)
1758	Letzte Auff. von *Israel in Egypt* zu Händels Lebzeiten am 24. Feb.
1759	Händel stirbt am 14. April

Anhang

Literatur

Ausgaben
FRIEDRICH CHRYSANDER, *G. F. Händel's Werke, Lieferung XVI, Israel in Ägypten*, Leipzig 1863
Georg Friedrich Händel. *Israel in Egypt: Oratorio in Three Parts, HWV 54.* Herausgegeben von ANNETTE LANDGRAF (Hallische Händel-Ausgabe, Ser. I: Oratorien und große Kantaten, Bd. 14.) Kassel 1999

Biographien (Auswahl)
BLAKEMAN, Edward, *Handel*, Faber & Faber pocket guide, London 2009
BURROWS, Donald, *Handel*, Oxford 1996
CHRYSANDER, Friedrich, *G.F. Händel*, 3 Bde., Leipzig 1919
HOGWOOD, Christopher, *Georg Friedrich Händel*, übers. Bettina Obrecht, Stuttgart/Weimar 1992 (engl. Orig. *Handel*, London 1988)
KEATES, Jonathan, *Handel: the Man and his Music*, 2. Ausg. Random House 2008
LANG, Paul Henry, *George Frideric Handel*, W. W. Norton & Co., New York 1966
LEICHTENTRITT, Hugo, *Händel*, Deutsche Verlagsanstalt, Stuttgart/Berlin 1924
MAINWARING, John, *Memoirs of the Life of the late George Frideric Handel*, London 1760; dt. *Georg Friedrich Händel*. Biographie von John Mainwaring, hg. v. Hedwig und E.H. Müller von Asow, Werk Verlag Frisch und Perneder, Lindau 1949

David Roberts (1796–1864), Auszug der Israeliten aus Ägypten, 1829.

PIECK, Werner, *Leben Händels*. Biografie, Europäische Verlagsanstalt, Hamburg 2001, Neuausgabe 2009
RAMPE, Siegbert (Hg.), *Händel und seine Zeit*, Laaber 2009
SCHMELZER, Hans-Jürgen, *Siehe, dein König kommt. Leben und Musik des Georg Friedrich Händel. Eine Biographie*, Droste-Verlag, Düsseldorf 1995
SCHRÖDER, Dorothea, *Georg Friedrich Händel*, München 2008
SERAUKY, Walter, *Georg Friedrich Händel. Sein Leben – sein Werk*, Bände 3–5 (alles Erschienene), Bärenreiter, Kassel 1956–58

Nachschlagewerke
LANDGRAF, Annette; VICKERS, David (Hg.), *Handel. The Cambridge Encyclopedia*, Cambridge 2009
MARX, Hans-Joachim (Hg.), *Das Händel-Lexikon*, Laaber 2009

Allgemeine Literatur
ABERT, Hermann, *Niccolò Jommelli als Opernkomponist*, Halle 1908
ADORNO, Theodor W. Thomas Mann, *Briefwechsel 1943–1955*, Frankfurt 2003
ALBERTZ, Rainer, *Exodus 1–18*, Züricher Bibelkommentare, Zürich 2012
ASSMANN, Jan, *Die Zauberflöte. Oper und Mysterium*, München 2005
ASSMANN, Jan, *Exodus. Die Revolution der Alten Welt*, München 2015
ASSMANN, Jan, *Ma'at. Gerechtigkeit und Unterblichkeit im Alten Ägypten*, München 1990
BASELT, Bernd, *Händel Handbuch* Band 2, Oratorische Werke, Vokale Kammermusik, Kirchenmusik (=HHb 2), Kassel 2008
BASELT, Bernd, *Händel Handbuch* Band 4, Dokumente zu Leben und Schaffen (=HHb 4), Kassel 1985
BOCKMAIER, Claus, *Händels Oratorien. Ein musikalischer Werkführer*, München 2008
BOILEAU, Nicolas, *Traité sur le sublime*, 1664
BURNEY, Charles, *A General History of Music from the earliest Ages to the Present Period*, 4 Bde., London 1776–89

LITERATUR

BURNEY, Charles, *Nachricht von Georg Friedrich Händels Lebensumständen und der ihm zu London im Mai und Juni 1784 angestellten Gedächtnißfeier*, übers. Johann Joachim Eschenburg, Berlin und Stettin 1785

BURROWS, Donald (Hg.), *The Cambridge Companion to Handel*, 1997

BUSCH, Gudrun, „Händel-Rezeption in der zweiten Hälfte des 18. Jahrhunderts", in: Ulrich Tadday (Hg.), *Händel unter Deutschen*, Musik-Konzepte 131, München 2006, 7–22

CHRISSOCHAIDIS, Ilias, „Handel's Oratorio and the Sublime according to John Baillie", in: *Göttinger Händel-Beiträge* 12, 2014, 253–263

CHRISSOCHOIDIS, Ilias „Handel recovering: fresh light on his affairs in 1737", in: *Eighteenth-Century Music* 5/2, 2008, 237–244

CHRISSOCHOIDIS, Ilias, „Handel at a Crossroads: His 1737–1738 and 1738–1739 Seasons Re-Examined", in: *Music & Letters* Vol. 90, No. 4, 2009, 599–635

CHRISSOCHOIDIS, Ilias, „,True Merit always Envy rais'd': The Advice to Mr. Handel and Israel in Egypt's early Reception", in: *The Musical Times* 150 Nr. 1906, 2009, 69–86

CHROSSOCHOIDIS, Ilias „A Founding Father of Social Responsibility in Music? Handel in Georgian Britain", Research paper (https://www.academia.edu/2461859/A_Founding_Father_of_Social_Responsibility_in_Music_Handel_in_Georgian_Britain)

CHRYSANDER, Friedrich, *Supplemente*, enthaltend Quellen zu Händels Werken Band 1, Magnificat von D. Erba, Leipzig 1888

CHRYSANDER, Friedrich, *Supplemente*, enthaltend Quellen zu Händels Werken Band 3, Serenata von Alessandro Stradella, Leipzig 1888

CHRYSANDER, Friedrich, *Psalmen* I, G. F. Händel's Werke XXXIV, Leipzig 1871

CHRYSANDER, Friedrich, *Psalmen* II, G. F. Händel's Werke XXXV, Leipzig 1871

CHRYSANDER, Friedrich, *Psalmen* III, G. F. Händel's Werke XXXVI, Leipzig 1782

CHRYSANDER, Friedrich, *Trauerhymne auf den Tod der Königin Karoline*, G. F. Händel's Werke XI, Leipzig 1861

Coxe, William, *Anecdotes of George Frederick Handel, and John Christopher Smith, with select pieces of Music, composed by J.C. Smith*, London 1799

Dean, Winton, *Handel's Dramatic Oratorios and Masques*, Oxford 1959

Dexinger, Ferdinand, „Exodusmotiv II: Judentum", in *Theologische Realenzyklopädie* 10, 1982, s.v., 741–43

Dremel, Erik, „Anthems und englische Kirchenlieder", in: Hans-Joachim Marx (Hg.), *Händels Kirchenmusik und vokale Kammermusik, Das Händel-Handbuch* Band 4, Laaber 2009, 237–290

Edelmann, Bernd, „Händel-Rezeption von 1800 bis 1850", in: Ulrich Tadday (Hg.), *Händel unter Deutschen*, Musik-Konzepte 131, 23–51

Finscher, Ludwig „Gleichsam ein kanonisirter Tonmeister", in: A. u. J. Assmann (Hg.), *Kanon und Zensur*, München 1987, 271–283

Goerges, Horst, *Das Klangsymbol des Todes im dramatischen Werk Mozarts. Studien über ein klangsymbolisches Problem und seine musikalische Gestaltung durch Bach, Händel, Gluck und Mozart* (1937), Nachdruck München 1969

Goltz, Hermann „Die biblische Gestalt des ‚Volkes Israel': ein christlich-orientalischer Typos in Händels Oratorium *Israel in Egypt*", in: *Händel-Jahrbuch* 52, 2006, 13–24

Gumbrecht, Hans Ulrich, *Unsere breite Gegenwart*, Berlin 2010

Hammill, Graham L., *The Mosaic constitution. Political theology and imagination from Machiavelli to Milton*, Chicago und London 2012

Händel-Handbuch, 6 Bde, Laaber 2009

Harris, Ellen T., „Joseph Goupy and George Frideric Handel: From Professional Triumphs to Personal Estrangement", in: *Huntington Library Quarterly* Vol. 71, No. 3 (September 2008), 397–452

Harris, Ellen T., *Handel as Orpheus*, Cambridge Mass. 2001

Heidlberger, Frank, „Händels Israel in Egypt und das Problem der Entlehnung", in: Ders., Wolfgang Osthoff, Reinhard Wiesend (Hg.), *Von Isaac bis Bach. Studien zur älteren deutschen Musikgeschichte. FS Martin Just*, Kassel 1991, 241–255

HICKS, Anthony, „Handel and the idea of an Oratorio", in: Donald Burrows (Hg.), *The Cambridge Companion to Handel*, Cambridge 1997, 145–63
HIRSCHMANN, Wolfgang, „Sublime strokes. Händels Kompositionswissenschaft und die Ästhetik des Erhabenen", in: Ders. (Hg.), *Händels „Messiah". Zum Verhältnis von Aufklärung, Religion und Wissen im 18. Jahrhundert*, Kleine Schriften des IZEA 3/2011, 17–41
JOHNSON, Claudia L. „Handel and the Musical Sublime", in: *Eighteenth Century Studies* 19, 1985/86, 515–533
JUNG-KAISER, Ute „Israel in Egypt 1833 – Felix Mendelssohns Engagement für das Haendel-Oratorium", in: Dies. (Hg.), *„true to life" – Händel der Klassiker*, Hildesheim 2009, 81–108
KIM, Minji „Handel's Use of German Chorales in Israel in Egypt", in: *Göttinger Händel-Beiträge* XIII, 2012, 97–108
KIM, Minji, *Handel's Israel in Egypt: A Three-Anthem Oratorio*, PhD Diss. Brandeis 2007
KOLDAU, Linda Maria, „Israel in Egypt (HWV 54)", in: Michael Zywietz (Hg.), *Händel-Handbuch* 3, 268–286
KROCHMALNIK, Daniel: „‚Du sollst erzählen!' Die Haggada von Pessach", in: Ingrid Schoberth (Hg.), *Urteilen lernen. Grundlegung und Kontexte ethischer Urteilsbildung*, Göttingen 2012, 197–207
LANDGRAF, Annette „Die Synthese verschiedener Gattungen der geistlichen Musik in Händels Israel in Egypt", in: *Händel-Jahrbuch* 2013, 245–261
LANDGRAF, Annette „Israel in Egypt: ein Oratorium als Opfer der Politik", in: *Händel-Jahrbuch*. 42/43, 1996/97, 213–221
LANDGRAF, Annette, „War Israel in Egypt wirklich ein Fehlschlag?", in: *Händel-Jahrbuch* 53, 2007, 203–210
LANDGRAF, Annette, *Die Rezeptionsgeschichte von Händels Oratorium Israel in Egypt von 1739 bis zur Mitte des 20. Jahrhunderts* (in Vorbereitung)
LEOPOLD, Silke „‚Israel in Egypt' – ein mißglückter Glücksfall, *Göttinger Händel-Beiträge* 1, 1984, 35–50

Marx, Hans Joachim, *Händels Oratorien, Oden und Serenaten: Ein Kompendium*, Göttingen 1998

Marx, Hans Joachim (Hg.), *Händels Kirchenmusik und vokale Kammermusik, Das Händel Handbuch* Bd. 4, Laaber 2009

McClelland, Clive, *Ombra: Supernatural Music in the Eighteenth Century: Context, Style and Signification*, Diss. Leeds 2001

Merrett, Robert James, „England's Orpheus: Praise of Handel in Eighteenth Century Poetry", in: *Mosaic* 20/2, 1987, 97–110

Murray, N.M., *Handel and Musical Borrowing*, Diss. Wheaton College 2009 https://digitalrepository.wheatoncollege.edu/bitstream/handle/11040/8396/murray%20-%20thesis%20-%202009.pdf?sequence=2

Parkinson, Richard B., *The Tale of the Eloquent Peasant*, Oxford 1991

Richards, Annette : „Vereint durch den erhabenen Chor: Das ästhetisch-politische Vermächtnis von Händels Hallelujah im Zeitalter der Personalunion", in: *Göttinger Händel-Beiträge* 20, 2015, 7–30

Robbins Landon, H.C., *Handel and his World*, Boston, Toronto 1984

Roberts, John „German Chorales in Handel's English Works", in: *Händel-Jahrbuch* 42/43, 1996/97, 77–100

Sandberger, Wolfgang, „Händels Israel in Egypt zwischen ‚Werktreue' und kulturpolitischem Manifest: die Aufführungen unter Felix Mendelssohn Bartholdy in Düsseldorf 1833", in: *Göttinger Händel-Beiträge* 13, 2010, 29–46

Shapiro, Alexander H., „‚Drama of an Infinitely Superior Nature': Handel's Early English Oratorios and the Religious Sublime", in: *Music and Letters* 74, 1993, 215–245

Shire, Rabbi Michael et. al. (Hg.), *Pessach Haggada*, Berlin 2013

Shryock, Andrew, *Handel and the sublime: Crafting librettos, composing oratorios, and transfixing audiences in eighteenth-century England*, Diss. Boston 2012

Smith, Ruth, *Handel's Oratorios, and Eighteenth Century Thought*, Cambridge UP 1995

SYNOFZIK, Thomas, „Oratorium Israel in Ägypten von Georg Friedrich Händel. Rekonstruktion der Aufführung Felix Mendelssohn Bartholdys 1833 in Düsseldorf", Booklet zur CD Händel/arr. Mendelssohn Bartholdy, Israel in Ägypten, cpo 2009, 9–14

TADDAY, Ulrich (Hg.), *Händel unter Deutschen*, Musik-Konzepte 131, München 2006

TAYLOR, Sedley, *The Indebtedness of Handel to works by other composers*, Cambridge 1906/2014

TERRASSON, Abbé Jean, *Séthos. Histoire ou vie, tirée des monuments, Anecdotes de l'ancienne Égypte; Ouvrage dans lequel on trouve la description des Initiations aux Mystères Égyptiens.* Traduit d'un manuscrit Grec, Paris 1731

ZYWIETZ, Michael (Hg.), *Händels Oratorien, Oden und Serenaden*, Händel-Handbuch Bd. 3, Laaber 2009

CD-Einspielungen

Eugen Jochum, Chor & Symphonieorchester des Bayerischen Rundfunks (in deutscher Sprache), Andromeda 2010 (+ Bruckner, Symphonie Nr. 1) (Originalaufnahme 1959)

Simon Preston, Choir of Christ Church Cathedral, English Chamber Orchestra, + Chandos Anthem Nr. 10, London Double Decker 1984 (II und III)

John Eliot Gardiner, Monteverdi Choir, English Baroque Soloists, Erato 1992, (II und III + Funeral Anthem)

John Eliot Gardiner, Monteverdi Choir, English Baroque Soloists, Decca 1993 (II und III + Zadok the Priest, The King Shall Rejoice)

Andrew Parrott, Taverner Choir and Players, Virgin Veritas 2003 (I–III)

Harry Christopher, The Sixteen, The Symphony of Harmony and Invention, Coro 2003 (II und III)

Anthony Bramall, Chamber Choir of Europe, Deutsche Händel-Solisten, Brilliant Classics 2006

Peter Dijkstra, Chor des Bayerischen Rundfunks, Concerto Köln, BR Classik 900501, 2008

Kevin Mellon, Aradia Ensemble, Naxos 2008

Holger Speck, Vokalensemble Rastatt, Les Favorites, SWR 2009

Hermann Max, Rheinische Kantorei & Das Kleine Konzert, cpo 2009 Nr. 777 222-2 (Mendelssohns Bearbeitung, in deutscher Sprache)

Pierre Cao, Arsys Bourgogne & Concerto Köln, Eloquentia 2010

Morten Topp, Academic Choir, Academic Orchestra, Classico 2010 (I–III)

Jürgen Budday, Hanoverian Court Orchestra, Maulbronn Chamber Choir, K&K 2011

Julian Wachner, Trinity Baroque Orchestra, Trinity Wall Street Choir, Musica Omnia 2013 (Fassung 1756)

Roy Goodman, Netherlands Chamber Choir, Le Concert Lorrain, Etcetera 2014

Nachweise Notenbeispiele

1. Choralmelodie Herr Jesu Christ, Du höchstes Gut = The sons of Israel do mourn, do mourn
2. Nr. 2 Eingangschor: The sons of Israel do mourn, T. 1–16, HHA I/14, 4
3. Nr. 2: The sons of Israel, T. 17–26, mit dem Cantus firmus im Bass und den bewegten Nebenthemen in der Instrumentalbegleitung (HHA I/14, 5)
4. Nr. 3 „How is the mighty fall'n": das chromatische Klagemotiv
5. Nr. 4, He put on righteousness, T. 14–17, nach HHA I/14, 21
6. Nr. 7, He deliver'd the poor that cried, T. 19–34, mit zweistimmigem Cantus firmus („Du Friedefürst, Herr Jesu Christ), nach HHA I/14, 36
7. Nr. 8 „The righteous shall be had", Chrysander-Ausgabe Bd. 11, 48
8. Nr. 11 „And the congregation will show forth their praise", nach Chrysander-Ausgabe XI, The Ways of Zion do mourn, 66, T. 7–17, Einsatz des Cantus firmus im Bass (T.8), dann Tenor (T. 12) und Alt (T. 15)
9. Nr. 12, „they shall receive"
10. Nr. 12, „beautiful"
11. Nr. 14 „And the children of Israel sighed", T. 1–9, nach Chrysander-Ausgabe Bd. 16, 1
12. F. W. Zachow Choralphantasie „Christ lag in Todesbanden", aus: Max Seiffert (Hg.), Gesammelte Werke von Friedr. Wilh. Zachow, Denkmäler der deutschen Tonkunst XXI–XXII, Leipzig 1905, 343
13. Nr. 14, T. 10–17 „And their cry came up unto God", nach HHA I/14, 90
14. Die Choralmelodie im Alt II, T. 38–46
15. Christ lag in Todesbanden, nach Lucas Osiander
16. „For I went with the multitude", aus „As Pants the Hart" (Ps 42), Fassung HWV 251e, Chrysander-Ausgabe, Anthems I, 271

NACHWEISE NOTENBEISPIELE

17. Fuga V, T. 1–7, nach Chrysander-Ausgabe Bd 2, Clavierstücke, 171
18. Nr. 15, „They loathed to drink of the river", HHA I/14, 107
19. Nr. 16, „The land brought forth frogs", T. 1–21, HHA I/14, 114
20. Alessandro Stradella, Serenata Nr. 3, Nr. 10 Sinfonia, Chrysander-Ausgabe Suppl. III, 2
21. Nr. 17, „He spake the word", T. 1–3, HHA I/14, 118
22. Stradella, Serenata 3, Sinfonia Nr. 1, Chrysander-Ausgabe Suppl. III, 1
23. Nr. 18, „He gave the hailstones", T. 22–26, HHA I/14, 35
24. Nr. 19, „He sent a thick darkness", T. 1–13, HHA I/14, 1
25. Fuga I, Chrysander-Ausgabe, Clavierstücke, 161
26. Nr. 20, „He smote all the firstborn of Egypt", T. 1–8, HHA I/14, 152f.
27. Stradella, Serenata Nr. 3, Nr. 13, Aria „Io pur seguirò", Chrysander-Ausgabe Suppl. III, 43
28. „Dass du mich heint (= heut) in dieser Nacht", aus dem Choral „Ich dank dir schon durch deinen Sohn"
29. Nr. 21, But for his people, Chrysander-Ausgabe, 72
30. Johann Kaspar Kerll, Canzona 4, nach Willi Hillemann, Ricercare, Canzonen und Fugen des 17. und 18. Jahrhunderts für Orgel oder Klavier, Nagels Musikarchiv Nr. 87, Hannover 1932, 23
31. „Tu es sacerdos secundum ordinem Melchisedech", Chrysander-Ausgabe Bd 38, Lateinische Kirchenmusik, Dixit Dominus, 79
32. „It is the Lord, that ruleth the sea", aus: *The Lord is my light.* Chrysander-Ausgabe Bd. 35, Psalmen II, 198 (Anthem X)
33. „Venti, fermate", aus: *Armida abandonnata.* Chrysander-Ausgabe Bd. 52, Cantate con instrumenti, 158
34. Stradella, Serenata Nr. 3, Nr. 9 Arie „Che s'aterra disprezzo", Chrysander-Ausgabe Suppl. III, 31
35. Nr. 25, „I will sing", Thema I
36. G. Gabrieli (?), Ricercar Re fa mi don, T. 1–21, nach Stefan Kunze, Die Instrumentalmusik Giovanni Gabrielis, Notenteil, 1–2
37. Teil I, Symphony T. 1–5, HHA I/14, 234

38. Nr. 29, „The depths have covered them", T. 1–4, HHA I/14, 293
39. Nr. 30, And in the greatness, T. 1–4, HHA I/14, 293
40. Erba, Fecit potentiam, Chrysander-Ausgabe Suppl. I, 28
41. Nr. 30c „Thou sentest forth thy wrath", HHA I/14, 310
42. Nr. 31 „And with the blast", T. 1–3, Chrysander-Ausgabe, 195
43. Erba, Exaltavit humiles, Chrysander-Ausgabe Suppl. III, 49
44. Erba, Esurientes, Chrysander-Ausgabe Suppl. III, 49
45. Nr. 35 „Thou in thy mercy", Chrysander-Ausgabe, 221
46. Erba, „et divites", Chrysander-Ausgabe Suppl. III, 51
47. Nr. 35 „Thou hast guided them", T. 57–69, aus HHA I/14, 351
48. Nr. 36 „The people shall hear", T. 1–4 (Klavierauszug), Chrysander-Ausgabe, 226
49. Nr. 36 „till thy people pass over", T. 63–66, Klavierauszug, Chrysander-Ausgabe, 240
50. Stradella Nr. 7, Duett „Amiche, nemiche", Chrysander-Ausgabe Suppl. III, 24
51. Nr. 36, T. 25–28 „all th' inhabitants of Canaan shall melt away", HHA I/14, 360
52. Nr. 37 „Thou shalt bring them", T. 21–29, Thema I, Chrysander-Ausgabe, 230
53. Nr. 37 „Thou shalt bring them", T. 68–75, Thema II, Chrysander-Ausgabe, 232
54. Mozart, Requiem, KV 626, Introitus, T. 1–14, nach Chr. Wolff, Mozarts Requiem, 177f.

Zur Person des Autors

Jan Assmann (geb. 1938) wuchs in der Musikstadt Lübeck auf, was den Grund zu seiner Liebe zur Musik und besonders zur Musik Georg Friedrich Händels legte. In seiner Heidelberger Schulzeit komponierte er und hörte musikwissenschaftliche Vorlesungen bei Thrasyboulos Georgiades, studierte dann aber nach dem Abitur 1957 Ägyptologie, Klassische Archäologie und Gräzistik in Heidelberg, München, Göttingen und Paris.
1965 promovierte er in Heidelberg mit einer Arbeit über ägyptische Sonnenhymnen. Die anschließende Reise- und Grabungstätigkeit resultierte in der Publikation eines ägyptischen Spätzeitgrabes in Theben-West, mit der er sich 1971 habilitierte. Die thebanische Gräberwelt bildete dann für ihn und seine Mitarbeiter über 40 Jahre den Gegenstand archäologischer und epigraphischer Feldarbeit.
1976 wurde Assmann auf den Lehrstuhl für Ägyptologie an der Universität Heidelberg berufen, den er bis zu seiner Emeritierung 2003 innehatte. Seit 2004 lebt er in Konstanz und erhielt dort 2005 eine Honorarprofessur für Religionstheorie und allgemeine Kulturwissenschaft.
Gastprofessuren führten ihn nach Jerusalem, Paris, Oxford und verschiedene Universitäten in den USA (Rice, Yale, Chicago), Forschungsstipendien nach Santa Monica (Getty Research Center), Berlin (Wissenschaftskolleg), München (Siemens-Stiftung) und Wien (IFK). Assmann erhielt Ehrendoktorate in Münster (Dr. theol.), Yale und Jerusalem und ist Mitglied mehrerer in- und ausländischer Akademien. Er erhielt mehrere Preise, darunter den Preis des historischen

Kollegs („Deutscher Historikerpreis") 1998 und den Thomas-Mann-Preis 2011.

Seine Publikationen erstrecken sich auf Geschichte, Literatur und Religion des Alten Ägypten, die Entstehung des Monotheismus und die Rezeption Ägyptens in der europäischen Religions- und Geistesgeschichte, darunter die Josephs-Romane Thomas Manns (die er für die Große kommentierte Frankfurter Ausgabe mitherausgibt). Zuletzt erschienen unter anderen: *Die Zauberflöte. Oper und Mysterium* (2005), *Religio Duplex: Ägyptische Mysterien und europäische Aufklärung* (2011) und *Exodus. Die Revolution der Alten Welt* (2015).

Zusammen mit der Literaturwissenschaftlerin Aleida Assmann gründete er 1979 den Arbeitskreis „Archäologie der literarischen Kommunikation", der inzwischen 13 Bände veröffentlichte, und entwickelte die Theorie des kulturellen Gedächtnisses. Das Paar ist seit 1968 verheiratet und hat fünf Kinder.